NUR FÜR ANFÄN
Drums

BOSWORTH EDITION

Bosworth Musikverlag GmbH
Friedrichstr. 153A
10117 Berlin, Germany

Music Sales Limited
Newmarket Road
Bury St. Edmunds
Suffolk 1833 3YB, Great Britain

Bestellnummer: BoE 7120
ISBN 3-937041-22-2
ISMN M-2016-5051-7
© Copyright 2003 by Bosworth Musikverlag GmbH, Berlin

Unerlaubter Nachdruck dieser Publikation, auch in Teilen, ist mit jedem Verfahren, einschließlich der Fotokopie, eine Verletzung des Urheberrechtes.

Geschrieben von Dave Zubraski
Fotografien von George Taylor
Buchgestaltung von Chloë Alexander
Model & Drums-Berater Jim Benham

Printed in the United Kingdom by Printwise Limited, Haverhill, Suffolk.

Ihre Qualitätsgarantie:
Als Verleger sind wir darum bemüht, jedes Buch gemäß den höchsten Standards herzustellen. Dieses Buch wurde sorgfältig so gestaltet, dass umständliches Umblättern vermieden wird, damit das Spielen daraus wirklich Freude bereitet. Besonderer Wert wurde auf die Auswahl von säurefreiem Papier aus chlorfrei gebleichtem Zellstoff gelegt. Dieser Zellstoff kommt von wieder aufforstbaren Wäldern und wurde unter besonderer Rücksicht auf die Umwelt hergestellt. Der gesamte Herstellungsprozess vom Druck bis zum Binden wurde mit dem Ziel geplant, eine strapazierfähige, attraktive Publikation zu bieten, an der Sie über Jahre Freude haben werden. Sollte Ihr Exemplar unseren hohen Ansprüchen nicht genügen, setzen Sie uns bitte darüber in Kenntnis, wir werden dieses dann gerne ersetzen.

CD
Die Musik auf der mitgelieferten CD kann entweder auf Ihrer Stereoanlage oder Ihrem Mulimedia-PC abgespielt werden. Wenn Sie einen Internetzugang haben und in der weltgrößten Auswahl an Noten browsen wollen, legen sie einfach die CD in Ihr CD-Rom-Laufwerk ein und folgen Sie den Anweisungen auf dem Bildschirm.

Inhalt

Einführung 4	Mach eine Pause! 21
Das Drum-Set 5	Spiel' mit der Band! 22
Der Aufbau 6	Bassdrum-Patterns 23
Das Stimmen der Drums 8	Die Rhythmusgruppe 24
Die richtige Spielhaltung 10	Snare-Patterns 25
Die Sticks 12	Das Crash-Becken 26
Der richtige Griff 13	Snare- und Bassdrum-Patterns 27
Der Schlag 14	Drum-Fills 29
Die Bassdrum 15	Einstellen der Hi-Hat 30
Schlagzeugnoten lesen 16	Das Ride-Becken 31
Ein paar Worte zum Rhythmus 17	Das Große Finale 34
Die Bandbegleitung 18	Pflege und Wartung 36
Timing 19	Klassische Drum-Parts 39
Grundlegende Rock-Rhythmen 20	Weiterführende Literatur 40

Einführung

Willkommen bei „Nur für Anfänger" für Drums. Dieses Buch ist speziell für den Neueinsteiger konzipiert und erklärt Dir, was Du als Anfänger unbedingt wissen solltest, angefangen beim ersten Aufbau deines Sets bis hin zur Haltung Deiner Sticks.

Klare, leicht umsetzbare Anweisungen
zeigen Dir:
- wie Du Dein Schlagzeug aufbaust
- wie Du es pflegst
- wie Du Rhythmus-Notationen liest
- wie Du gängige Rock-Rhythmen spielst
- wie Du gängige Fills spielst

Spiele beim Üben zu den Begleit-Tracks – die dafür produzierte CD zeigt Dir, wie die Musik klingen sollte – versuche dann, die Stimme allein zu spielen.

Übe regelmäßig und oft.
Jeden Tag zwanzig Minuten zu üben, erzielt einen weitaus besseren Effekt, als nur an jedem Wochenende zwei Stunden.
Du trainierst nicht nur Dein Gehirn darin, wie man Drums spielt. Deine Muskeln werden sich auch an die immer wiederkehrenden Bewegungen erinnern.

Am Ende dieses Buches wirst Du noch auf einige andere Schlagzeugschulen hingewiesen, mit denen Du genau die Art Musik spielen lernen kannst, die Dir selbst vorschwebt. Du wirst bald im Stande sein, deine neuentdeckten Fertigkeiten mit Hilfe der Lehrbücher, Jazz- und Blues-Bücher oder anderen Transkriptionen nach Deinen Ideen in die Tat umzusetzen.

▼ **Roger Taylor** von der Gruppe Queen

Das Drum-Set 5

Nun, nach einer unendlich scheinenden Zeit der Vorbereitung und Planung hast Du es endlich geschafft, sämtliche verwandtschaftliche und nachbarschaftliche Opposition gegen Dein Vorhaben, Schlagzeug zu spielen, im Keim zu ersticken. Vor Dir steht jetzt also ein Berg aus Chrom, Holz und Kunststoff – Dein erstes Drum-Kit!

Tipp

Die Größe der Bassdrum ist normalerweise die Basis für alle anderen Trommeln deines Schlagzeugs. Bassdrums gibt es in den Maßen 18" bis 26", daher solltest Du Dir vor dem Kauf überlegen, welche Größe für Dich geeignet ist. Wenn Du also ziemlich klein bist, wäre eine Bassdrum mit 20" oder 22" angenehmer für Dich zu spielen als eine 24" oder 26" Bassdrum.

Der Aufbau

Fast jeder Schlagzeuger baut sein Drum-Set unterschiedlich auf. Einige benutzen ein vier- oder fünfteiliges Basis-Set, andere entscheiden sich für ein wesentlich größeres zehn- oder zwölfteiliges Set mit einem riesigen Aufgebot an Becken und anderem Zubehör. Jedoch ist jede Übung in diesem Buch durchaus mit einem vierteiligen Basis-Set zu spielen. Dieses sollte aus folgenden Teilen bestehen:

Bassdrum, Snare, Hänge-Tom, Stand-Tom, Hi-Hat Ständer, Snare Ständer, Fußmaschine, 2 Beckenständer, eine Hi-Hat, ein Ride- und ein Crash-Becken. (siehe Foto)

Der Aufbau

1 Stelle zunächst Deine Bassdrum dort auf, wo Du spielen möchtest.

2 Justiere die Füße der Bassdrum so, dass die Vorderseite leicht angehoben wird. Das Bassdrum-Fell sollte dann leicht in Richtung Deiner Sitzposition gekippt sein.

4 Nun baue das Hänge-Tom an (oder die Hänge-Toms, falls Du mehr als eins besitzt). Stelle die Tom-Halterung so ein, dass das Fell nachher leicht in Richtung Fußmaschine zeigt.

5 Die Höhe der Snare solltest Du in etwa auf die Höhe Deiner Taille in Sitzposition einstellen. Die Snare sollte leicht in Deine Richtung gekippt werden.

7 Platziere die Hi-Hat links von der Snare und befestige das obere Hi-Hat Becken mit der Stellschraube so dicht an das untere Becken, dass sie sehr leicht mit Hilfe des Pedals zusammengeführt werden können.

3 Befestige nun die Fußmaschine am unteren Ende der Bassdrum.

6 Stelle das Stand-Tom rechts neben der Bassdrum auf.

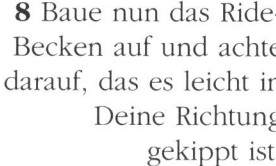

8 Baue nun das Ride-Becken auf und achte darauf, das es leicht in Deine Richtung gekippt ist.

9 Stelle dann das Crash-Becken so auf, dass es für Dich leicht zu erreichen ist.

10 Die Einstellung Deines Stuhls solltest Du so vornehmen, dass Du bequem sitzen kannst und alle Teile des Schlagzeugs für Dich leicht erreichbar sind.

Das Stimmen der Drums

Das Stimmen sowie die richtige Wahl der Felle sind ganz wichtige Kriterien für den Sound eines Schlagzeugs. Die Drums werden gestimmt, indem man das Fell mit Hilfe der Stellschrauben entweder spannt oder entspannt (im Uhrzeigersinn fester, gegen den Uhrzeigersinn lockerer).

Die Snare

Um die Snare korrekt zu stimmen, müssen beide Felle auf den unten liegenden Snare-Teppich abgestimmt werden. Dieser darf nie so straff gezogen werden, dass ein Rasseln der Federn nicht mehr möglich ist, da sonst der typische Snare-Sound ausbleibt. Gehe beim Stimmen der Felle so vor, wie in der Abbildung unten beschrieben und gib dabei jeder einzelnen Spannschraube immer nur eine Umdrehung.

> **Tipp**
>
> Je straffer Du ein Fell spannst, desto höher klingt sein Ton. Außerdem wird dadurch auch die Geschwindigkeit der Sticks verändert – je straffer das Fell desto besser springt der Stick ab.

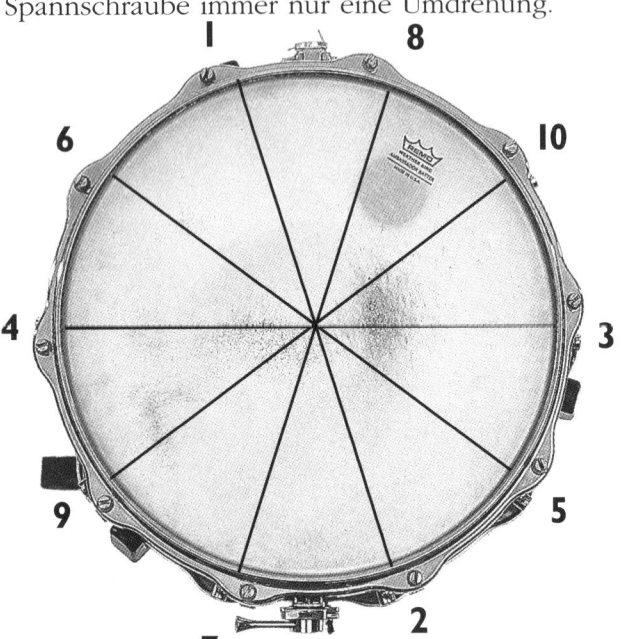

Wiederhole diesen Vorgang so lange, bis der gewünschte Sound und das entsprechende Spielgefühl erreicht ist.

Wenn Du die Felle wechseln möchtest, benutze nicht unbedingt die ganz schweren Ausführungen. Ein starkes Fell kann die Empfindlichkeit der Snare beeinflussen, was manchmal zu einem etwas dumpfen Klang führt.

Ich würde Dir zu einem Remo Ambassador Fell und zu einem Remo Ambassador Teppich raten.

- Schlagfell
- Spannreifen
- Resonanzfell (unten) und Snare-Teppich (nicht sichtbar)
- Stimmschraube
- Spannschraube
- Snare-Teppich-Abhebung
- Snare-Teppich-Einstellschraube
- Kessel
- Snarebett

> **Tipp**
>
> **Schlagzeuger-Sprache: Decay-Time**
>
> Man spricht von Decay-Time wenn man beschreiben will, wie lange ein Ton klingt, bevor er nicht mehr zu hören ist. Du kannst die Decay-Time wie folgt verändern: Spiele einen Schlag auf jedes Tom und höre hin, wie lange jeder Ton klingt. Um den Sound zu dämpfen, klebe ein kleines Stück Papiertaschentuch so ans obere Ende des Fells, dass Du noch bequem spielen kannst. Damit verringerst Du automatisch die Decay-Time. Probiere das bei jedem einzelnen Tom, bis alle in etwa die gleiche *Abklingzeit* haben.

Die Bassdrum

Die Bassdrum wird grundsätzlich so tief wie nur möglich gestimmt, ohne dass sie dabei ihren Ton verliert. Um dies zu erreichen, ziehe die Spannschrauben nur so stark an, dass das Fell gerade eben fest gespannt ist. Viele Drummer benutzen auch ein Kopfkissen oder eine Wolldecke, die von vorn in die Bassdrum geschoben und so gegen das Schlagfell platziert wird, dass beim Anschlag ein solider „satter" Ton entsteht.

Tom-Toms

Tom-Toms sind normalerweise nicht auf einen spezifischen Ton gestimmt, jedoch sollten die kleineren Toms höher klingen als die größeren. Du solltest allerdings immer daran denken, bei jedem Tom für dieselbe Decay-Time zu sorgen.

Die richtige Spielhaltung

Versichere Dich nach dem Aufbau Deines Sets noch einmal, dass sämtliche Toms und Becken für Dich leicht zu erreichen sind.

Sitze aufrecht und halte Deinen Rücken gerade – beuge Dich nicht über die Drums, denn dann könntest Du unter Umständen später aussehen wie Quasimodo.

Vermeide es, die Beckenständer zu hoch einzustellen oder die Toms so anzubringen, dass es für Dich unmöglich wird, sie noch bequem zu spielen.

Der obere Ring der Snare sollte beim Sitzen ungefähr die Höhe Deiner Taille haben.

Auch die Höhe Deines Drum-Hockers ist sehr wichtig. Stelle ihn so ein, dass in Sitzposition und mit den Füßen auf den Pedalen, Deine Oberschenkel in etwa parallel zum Fußboden sind.

Die Sticks

| Kopf | Schulter | Schaft | Stick-Ende |

Sticks gibt es in vielen Formen und Größen, also wähle für Dich ein Paar aus, das angenehm in der Hand liegt. Ich empfehle Dir, mit einem mittelschweren Paar „C"-Sticks aus Hickory-Holz anzufangen. Achte besonders darauf, dass die Sticks absolut gerade sind und nicht wie ein Paar Bananen aussehen. Das kannst Du ganz leicht checken, indem Du sie einmal über einen ebenen Untergrund rollst. Sollten sie sich nicht glatt bewegen lassen, bedeutet dies, dass sie nicht in Ordnung sind. Sieh Dich dann nach einem anderen Paar Sticks um.

Tipp
Lass die Sticks leicht auf dem Verkaufstresen des Musikgeschäfts auftippen und höre auf den Ton. Nimm dann einige andere Sticks und versuche zu vergleichen. Ist der Ton derselbe, so handelt es sich um die gleiche Holzart mit demselben Gewicht und derselben Dichte.

Die Haltung der Sticks

Es gibt normalerweise nur zwei Arten, die Sticks richtig zu halten.
- „Matched Grip", oder auch „Moderne Haltung". Beide Sticks werden rechts und links gleich gehalten. Die meisten zeitgenössischen Drummer bevorzugen diesen Griff (für die Kraft und die Schnelligkeit).

- „Traditional Grip", die „Traditionelle Haltung".

Der richtige Griff 13

„Matched Grip" – Rechte Hand
Mit der zum Boden gerichteten Handfläche Deiner rechten Hand umfasst Du den Stick vom Ende aus gesehen im ersten Drittel, so dass er sich noch locker zwischen deinem Daumen und dem Gelenk des Zeigefingers bewegen kann. Dein Daumen sollte dabei direkt oben auf dem Griff liegen und Dein Daumennagel in Richtung Kopf zeigen.

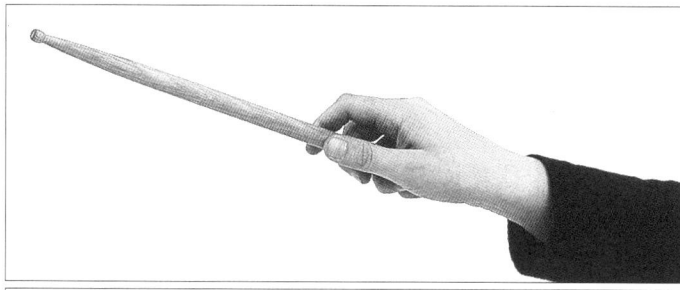

Lege nun Zeigefinger, Mittelfinger, Ringfinger und Kleinen Finger der Reihe nach um den Stick herum, um ihn zu führen und zu stabilisieren. Der Vollständigkeit halber ist hier zusätzlich noch der „Traditional Grip" zu sehen. Abgebildet ist die Haltung der linken Hand, denn der Griff für die rechte Hand entspricht dem des „Matched Grip".

„Traditional Grip" – Linke Hand

„Matched Grip" – Linke Hand
Die Haltung der linken Hand sollte hierbei genauso sein, wie die der rechten. Versuche den Stick mit beiden Händen so entspannt wie möglich zu halten.

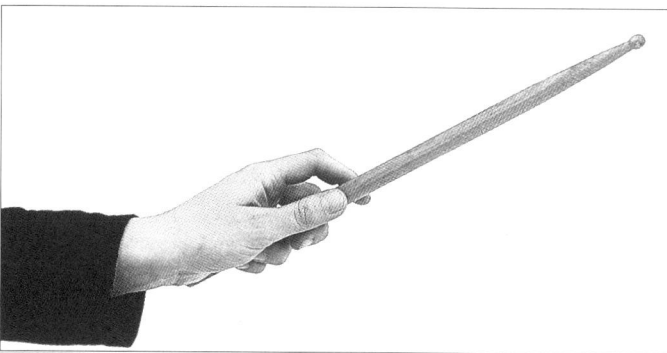

Tipp

Der Linkshänder-Drummer
Sämtliche Übungen in diesem Buch sind für Rechtshänder beschrieben. Solltest Du allerdings Linkshänder sein, so stell Dir einfach alle hier erklärten Details spiegelverkehrt vor.

Der Schlag

Der erste Schritt zum Erarbeiten einer Technik ist, den richtigen Schlag zu lernen. Bleib mit Deinen Armen ziemlich fest und bewege die Sticks vornehmlich aus den Handgelenken. Zu viel Armbewegung beansprucht nur zu sehr Deine Muskulatur, und das wiederum verhindert ein schnelles und effektives Spiel.

1 1. Halte zunächst beide Sticks ungefähr 25 cm über die Snare. Bleibe ganz entspannt und löse Deine Arme vom Körper.

2 Versuche nun mit dem Kopf des rechten Sticks mit einer schnellen aber lockeren Bewegung genau in die Mitte des Fells zu schlagen und lasse den Stick dabei wieder in die Ausgangsposition zurückspringen.

Während Du Dich entspannst, spürst Du, dass der Stick durch seinen natürlichen Rückprall die meiste Arbeit erledigt. Versuche jetzt mit beiden Sticks einen gleichmäßigen Sound zu erreichen.

3 Wiederhole den zweiten Schritt nun mit der linken Hand.

Nun wiederhole die Schläge langsam aber gleichmäßig R-L-R-L usw. (R = rechte Hand, L = linke Hand)

Tipp

Als Sonderübung solltest Du auch einmal mit der linken Hand beginnen (L-R-L-R usw.). Achte darauf, dass der Ton bei beiden Schlägen gleich klingt.

Die Bassdrum 15

Die Bassdrum kann ebenfalls auf zwei verschiedene Arten gespielt werden.

Die eine Möglichkeit ist, die ganze Fußsohle flach auf das Pedal aufzusetzen.

Der andere Weg ist, die Ferse des Fußes anzuheben und das Pedal nur mit den Zehenspitzen zu betätigen.

Manchmal ist es allerdings notwendig, beide Methoden anzuwenden. Du wirst merken, dass die Zehenspitzen-Methode besser geeignet ist, um schnelle Patterns spielen zu können. Ich schlage Dir vor, beide Arten auszuprobieren, um zu erkennen, welche für Dich die bequemste ist.

Tipp

Ziehe die Spannschraube an Deinem Fußpedal nur so fest, dass sich der Schlägel auch dann noch leicht gegen das Schlagfell bewegen lässt, wenn Du die ganze Fußsohle flach auf das Pedal aufsetzt.

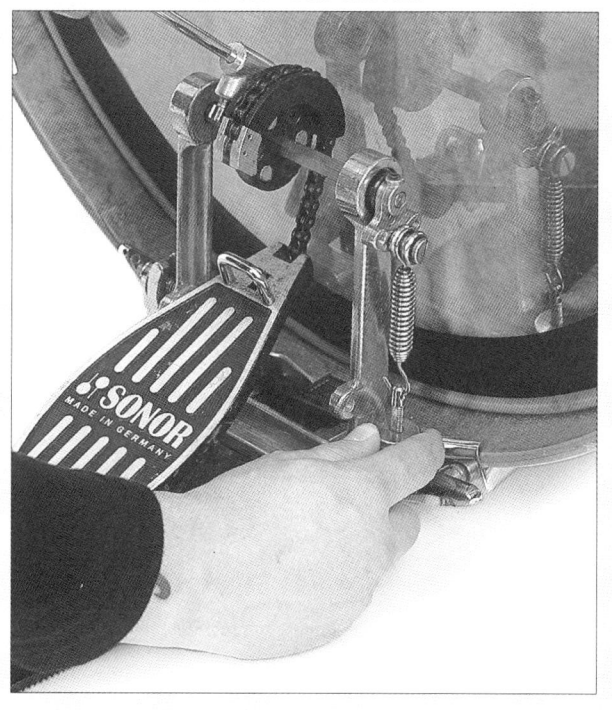

CHECKPOINT

WAS DU BIS JETZT ERREICHT HAST...

Du kannst jetzt:
- Dein Drum-Set sorgfältig aufstellen
- Deine Drums stimmen und die Abklingzeit verändern
- Deine Sticks einwandfrei halten
- die korrekte Schlagtechnik ausführen
- die Fußmaschine richtig bedienen

Schlagzeugnoten lesen

Schlagzeugnoten werden auf den normalen fünf Notenlinien (Notensystem) geschrieben. Jedes Teil der Drums besitzt dabei seinen eigenen Platz innerhalb des Notensystems.

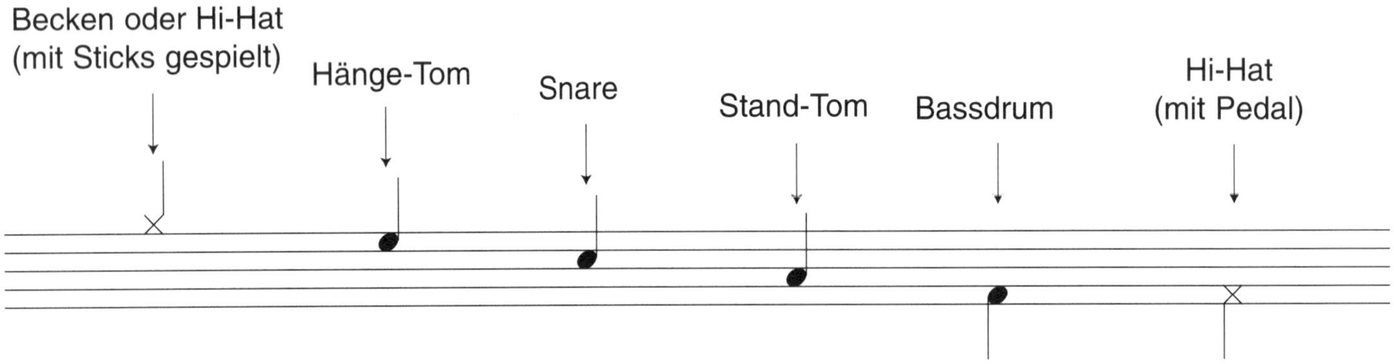

Becken oder Hi-Hat (mit Sticks gespielt) — Hänge-Tom — Snare — Stand-Tom — Bassdrum — Hi-Hat (mit Pedal)

Wenn auf der Linie für die Becken das Wort „Ride" zu lesen ist, so müssen die Noten auf dem Ride-Becken gespielt werden. Genauso verhält es sich, wenn dort H.H. steht. Dann werden diese Noten auf der geschlossenen Hi-Hat gespielt (normalerweise mit der rechten Hand).
Ein Crash-Becken wird mit einem Kreis um das Kreuz dargestellt.

Im folgenden Beispiel soll der Becken-Rhythmus auf der geschlossenen Hi-Hat gespielt werden. Nur beim ersten Schlag muss das Crash-Becken benutzt werden.

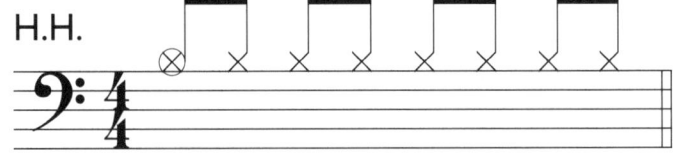

Ein paar Worte zum Rhythmus

Jede Musik besitzt einen Grundrhythmus, der aus vielen Beats oder Schlägen besteht. Diese Beats werden in Gruppen eingeteilt, die man Takte nennt.

Die gebräuchlichste Taktart (Gruppierung von Beats oder Schlägen) ist der 4/4-Takt. Alle Übungen in diesem Buch stehen in dieser Taktart.

Im 4/4-Takt gibt es vier gleichmäßige Schläge pro Takt, die so gezählt werden:

1 – 2 – 3 – 4 / 1 – 2 – 3 – 4 / 1 – 2 – 3 – 4 / etc

Jedes Mal, wenn Du wieder die „1" zählst, bist Du am Anfang eines neuen Taktes. Ziemlich einfach, oder? Wenn Du Dir die Noten eines Songs anschaust, siehst Du, dass sie oft sehr unterschiedlich aussehen. Manche haben kleine Fähnchen, einige Notenköpfe sind schwarz, andere weiß. Doch keine Angst, schon nach kurzer Zeit wirst Du Dich mit ihnen anfreunden.

Dieses Zeichen o nennen wir eine „Ganze Note". Sie dauert einen ganzen Takt lang, also 4 Schläge. Bezogen auf einen normalen 4/4 Takt, bei der Zählweise **1 – 2 – 3 – 4,** werden Ganze Noten wie folgt gezählt:

1 – 2 – 3 – 4 / 1 – 2 – 3 – 4 / 1 – 2 – 3 – 4 / etc

Dieses Zeichen ♩ nennen wir eine „Viertelnote". Sie dauert einen Schlag lang, also gibt es vier Viertelnoten pro Takt:

1 – 2 – 3 – 4 / 1 – 2 – 3 – 4 / 1 – 2 – 3 – 4 / etc

Dieses Zeichen ♩ nennen wir eine „Halbe Note". Sie dauert zwei Schläge und wird so gezählt:
1 – 2 – 3 – 4 / 1 – 2 – 3 – 4 / 1 – 2 – 3 – 4 / etc

Lass uns nun abschließend noch einen vierten Notenwert anschauen. Dieses Zeichen ♪ nennen wir eine „Achtelnote". Sie dauert einen halben Schlag, folglich gibt es acht Achtelnoten pro Takt:

1 & **2** & **3** & **4** & / **1** & **2** & **3** & **4** & / **1** & **2** & **3** & **4** &

Um Achtel zu zählen unterteilen wir jeden Schlag in zwei Hälften und zählen dann so:
1 & **2** & **3** & **4** &, etc

Nun lass uns die Theorie in die Praxis umsetzen und mit der Band zusammen spielen.

Die Bandbegleitung

In unserem ersten Beispiel sollst Du Dich nur auf das Zählen konzentrieren. Da **Track 1** im 4/4 Takt eingespielt ist, hörst Du zu Beginn einen Vorzähler von vier Beats. Schließe die Hi-Hat Becken, indem Du das Pedal mit Deinem linken Fuß herunterdrückst und schlage die Viertelnoten mit Deiner rechten Hand auf der Hi-Hat.

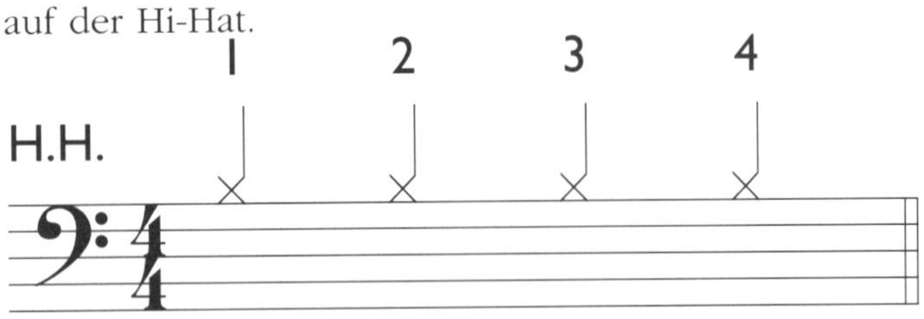

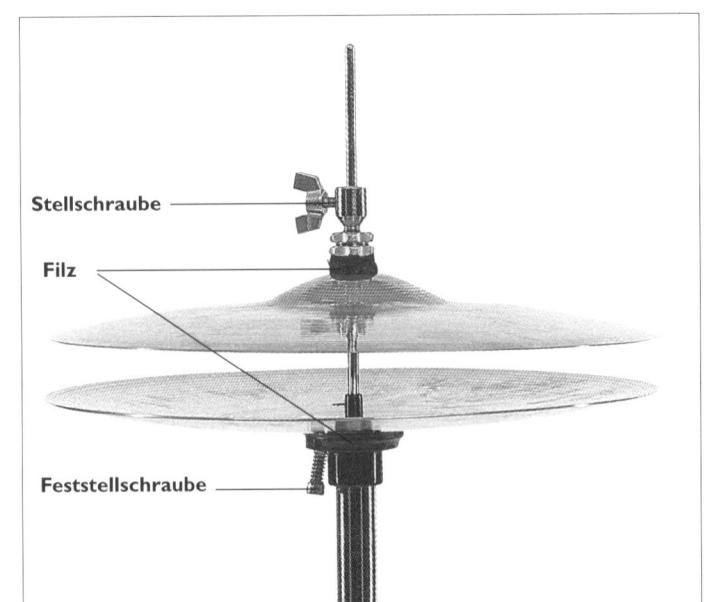

Zähle 1, 2, 3, 4, während des gesamten Tracks mit und versichere Dich, dass sich jeder Zähler auch exakt auf den Hi-Hat Schlägen befindet. Falls Du den Anschluss verlieren solltest, also aus dem Takt kommst, fang einfach noch mal von vorne an.

Tipp

Als Zusatzübung versuche irgendwo innerhalb des Track 1 den Taktanfang zu finden und mitzuzählen. (1, 2, 3, 4 etc.)

Timing

19

Eine gutes „Timing" zu haben bedeutet, dass Du weder schneller noch langsamer werden darfst. Das ist für einen Drummer ganz besonders wichtig. Du magst vielleicht die weltbesten Rhythmen und Fills spielen können, doch wenn Du nicht exakt im Timing (im Takt) bleibst, wirst Du mit Deinen Musikerkollegen wohl nie auf einen Nenner kommen.

Um ein gutes Gespür für das Timing zu bekommen, spiele die Übungen zunächst zusammen mit der CD und dann anschließend mit einem Metronom. Versuche auch in verschiedenen Tempi zu üben; fange also langsam an und erhöhe nach und nach die Geschwindigkeit.

Verändere das Tempo niemals innerhalb einer Übung, außer, es ist für den Song erforderlich – behalte durchweg Dein Timing. Bevor Du eine Übung in einem anderen Tempo beginnst, lege immer erst eine kurze Pause ein.

Tipp

Höre gut hin!

Wann immer Du einen Song im Radio oder auf CD hörst, versuche den Takt mitzuzählen. Möglicherweise denkst Du, dass dies sehr leicht ist, aber es hilft Dir immens dabei, Dein eigenes Timing und Dein Spiel zu verbessern. Die meisten Musiker haben das Zählen im Laufe der Zeit so verinnerlicht, dass es für sie aus ihrem Spiel einfach nicht mehr wegzudenken ist. Das jedoch kann man nur erreichen, wenn man von Beginn an hart daran arbeitet.

CHECKPOINT

WAS DU BIS JETZT ERREICHT HAST...

Du kannst jetzt:
- Schlagzeug-Notationen lesen
- einfache Notenwerte verstehen
- Dein erstes Drum-Pattern spielen

Grundlegende Rock-Rhythmen

Nun lass uns einen grundlegenden Rock-Rhythmus spielen. Wir werden ihn in drei Stufen aufteilen:

Stufe 1: Spiele die folgenden Achtelnoten mit der rechten Hand auf der geschlossenen Hi-Hat.

Zähle laut mit beim Spielen: 1 & 2 & 3 & 4 & etc.

Übe dies so lange, bis Du diesen Part leicht und geschmeidig spielen kannst.

Auf **Track 2** wird dieser Rhythmus zunächst langsam angespielt.

Auf **Track 3** wird das Tempo ein wenig angezogen.

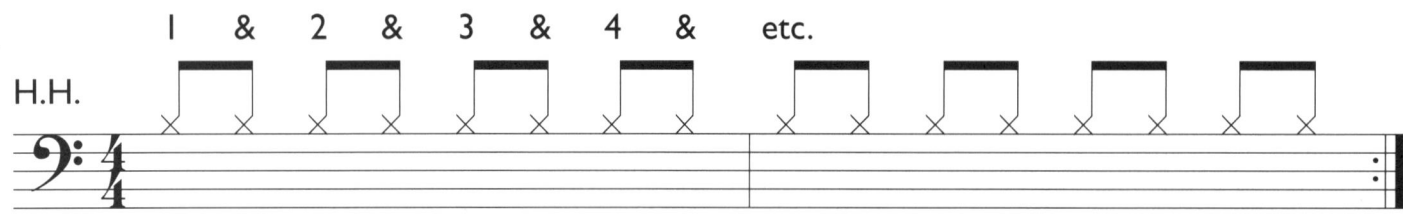

Stufe 2: Bleibe nun bei Deinem Hi-Hat Rhythmus, spiele aber noch auf Schlag 2 und auf 4 mit Deiner linken Hand jeweils einen Schlag auf der Snare. Das bedeutet, dass Du auf Schlag 2 und 4 sowohl einen Hi-Hat Schlag als auch einen Snare-Schlag spielen sollst.

Auf **Track 4** hörst Du ein etwas langsameres Beispiel dieses Rhythmus.

Falls Du Probleme damit bekommst, die Snare und die Hi-Hat zusammen zu bringen, nimm einmal den Snare-Part und spiele ihn allein nur auf die 2 und die 4. Hast Du diesen Ablauf dann verinnerlicht, setze wieder wie oben beschrieben mit der Hi-Hat ein.

Die Übung auf **Track 5** ist ein wenig schneller.

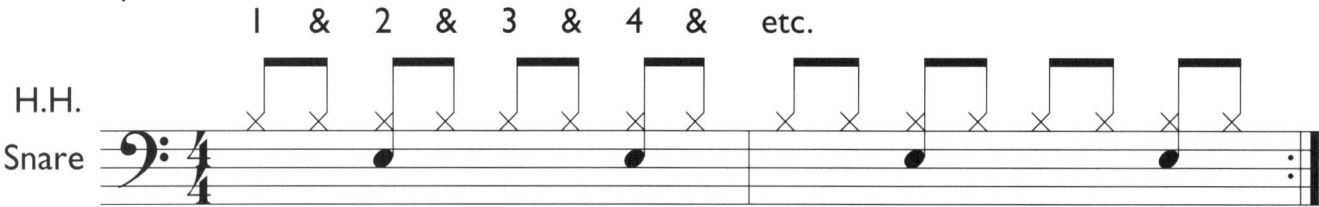

Tipp

Dieses Symbol :|| nennt man Wiederholungszeichen. Es bedeutet, dass alle Takte, die sich innerhalb von zwei Symbolen dieser Art befinden, erneut gespielt werden sollen. Wenn Du allerdings die Takte von Beginn eines Songs an wiederholen sollst, so wird das erste Zeichen üblicherweise weggelassen.

Beim gleichzeitigen Spielen der geschlossenen Hi-Hat und der Snare sollte Deine rechte Hand die linke überkreuzen, wie auf dem Foto zu erkennen ist.

NUR FÜR ANFÄNGER
Drums Kompakt

Der Aufbau Deines Drum-Sets

Zu einem Basis-Schlagzeug gehören wie oben beschrieben eine Bass-(oder „Kick-") Drum, eine Snare, ein Hänge-Tom, ein Stand-Tom, eine Fußmaschine, zwei Beckenständer, ein Paar Hi-Hat Becken, ein Ride- und ein Crash-Becken.

Beim Aufbau Deines Schlagzeugs solltest Du darauf achten, dass sich jedes Teil in bequemer Reichweite befindet. Die Höhe Deines Drum-Hockers ist äußerst wichtig, denn sie kann sich unmittelbar auf Dein Spiel auswirken. Setz Dich so hin, dass Deine Beine entspannt sind und Deine Füße ohne Schwierigkeiten die Pedale kontrollieren können.

Das Stimmen der Drums sowie die Auswahl der richtigen Felle kann den Gesamtsound Deines Sets erheblich verändern. Je stärker Du die Felle beim Stimmen spannst, desto höher klingt ihr Ton. Außerdem wird dann der Stick wesentlich stärker vom Fell abspringen.

Beim Stimmen der Snare solltest Du beide Felle sehr eng an den Snare-Teppich anpassen, jedoch nur so straff, dass die Federn noch nicht rasseln. Liegt der Teppich zu dicht am Resonanzfell auf, haben die Federn keine Möglichkeit mehr frei zu schwingen und der Sound wirkt dann erstickt.

Achte auch darauf, dass die Felle nicht zu dick sind, denn dadurch kann die Empfindlichkeit der Federn beeinträchtigt und der Sound dumpf werden. Ich empfehle Dir ein Remo CS (Centre Spot) als Schlagfell und ein Remo Ambassador Snare als Resonanzfell.

Tom-Toms werden normalerweise nicht nach vorgegebenen Tonfolgen gestimmt, doch die kleineren Toms sollten auf jeden Fall höher klingen als die größeren. Worauf man allerdings bei allen Toms achten sollte ist, für eine gleichmäßige Decay-Zeit (Abkling-Zeit) zu sorgen.

Das erreichst Du am besten, wenn Du jedes einzelne Tom einmal anspielst und dabei genau darauf hörst, wie lange der Ton nachklingt. Klebe dann mit einem breiten Tape ein kleines Stück Papiertaschentuch (als Dämpfer) auf das Fell an eine Stelle, auf der Du nicht spielst. Damit verringerst Du die Abkling-Zeit der Toms.
Je nach Größe des Dämpfers erreichst Du eine kürzere bzw. längere Decay-Zeit.

Die Bassdrum

Die Bassdrum wird für gewöhnlich so tief wie möglich gestimmt, aber achte darauf, dass sie immer noch ihren Ton behält. Um dies zu erreichen, solltest Du die Spannschrauben nur so weit festdrehen, dass keine Falten mehr im Fell zu erkennen sind. Oft wird ein Kissen oder eine Decke in die Bassdrum gelegt, um so einen satten und knackigen Sound zu erreichen.

Man kann die Fußmaschine auf zwei unterschiedliche Arten bedienen. Einmal liegt beim Spiel die ganze Fußsohle auf dem Pedal, wie im ersten Bild zu sehen ist. Es ist allerdings ebenso gut möglich, das Pedal nur mit den Zehenspitzen zu bewegen, wie es das zweite Bild zeigt.

Manchmal ist es aber auch notwendig, das Pedal auf beide Arten zu bedienen. Du wirst erkennen, dass die Fußspitzen-Methode für ein schnelles Spiel geeigneter ist. Versuche es auf beiderlei Weise, um herauszufinden, welche Methode Dir am besten zusagt.

Beim Einrichten der Fußmaschine solltest Du die Spannschraube nicht zu stark und nicht zu leicht einstellen. Nimm Dir ein wenig Zeit, um die Spannung richtig zu justieren. Das Gewicht Deines Fußes muss ausreichen, um den Schlägel an das Schlagfell zu befördern.

Die Bassdrum-Schlägel sind normalerweise aus Filz oder aus Holz gefertigt. Die meisten Drummer bevorzugen jedoch einen harten Filzschlägel, denn der Ton ist satt und die Reaktion ist exakt.

Pflege und Wartung

Hier einige generelle Anmerkungen zur Pflege und Wartung des Drum-Sets.
Ein gut gepflegtes Schlagzeug hält länger, sieht besser aus und – das Wichtigste – es lässt Dich auf der Bühne oder im Studio nicht hängen.

1) Ein wenig Öl ist gut für alle Stellschrauben, Federn, Kettenführungen der Pedale und mehr.

2) Der Snare-Teppich ist wohl der empfindlichste Teil des Drum-Sets. Daher berühre ihn nur dann, wenn es sich nicht vermeiden lässt und stelle nichts darauf ab, denn die dünnen Federn können sich leicht verbiegen. Verbogene Federn vibrieren dann ungleichmäßig und verursachen ein nerviges Rasseln.

3) Becken können (nicht zu oft) mit einem speziellen Becken-Reiniger, der in fast jedem Musikgeschäft erhältlich ist, behandelt, oder mit lauwarmen Spülwasser und einem Schwamm abgewaschen werden.
Achte darauf, dass die Becken danach komplett trocken gerieben werden.
Benutze auf gar keinen Fall irgendwelche Metallreiniger, Scheuermittel oder Drahtschwämme, denn damit beschädigst Du Deine Becken.
Befestige Deine Becken nicht zu stark an die Stative, denn dadurch haben sie keine Möglichkeit richtig zu vibrieren und können unter Umständen sogar reißen.

4) Die meisten Felle sind aus Kunststoff hergestellt und sehr flexibel. Trotzdem können sie nach längerem Gebrauch nach und nach ihren Sound verlieren und weniger exakt reagieren. Spätestens dann solltest Du sie auswechseln.
Um ein Fell auszutauschen, drehe zunächst mit Hilfe des Spezialschlüssels sämtliche Stellschrauben heraus und hebe dann den Befestigungsring ab.
Ersetze dann das alte Fell mit dem neuen, lege den Ring wieder auf und drehe die Stellschrauben ein. Stimme das Fell dann in der unten abgebildeten Reihenfolge indem Du pro Schraube immer nur eine Umdrehung vornimmst und zwar so oft, bis Du den gewünschten Sound erreicht hast.

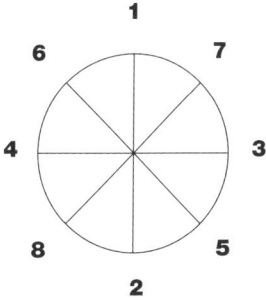

5) Lagere deine Drums niemals in der Nähe von Wärmequellen, wie Heizlüfter, Kaminfeuer usw.

6) Für den Transport empfiehlt sich ein wassergeschütztes Koffer-Set. Du kannst diese Koffer in allen möglichen Größen bekommen, also solltest Du beim Kauf darauf achten, dass Du die Maße der einzelnen Teile Deines Drum-Sets kennst.

Die Haltung der Sticks

Es gibt für die Haltung der Sticks zwei verschiedene Möglichkeiten. Die eine ist der sogenannte „Matched Grip", bei dem beide Sticks auf die gleiche Weise gehalten werden.

Die andere ist der „Traditional Grip", also die traditionelle Haltung. Die meisten Rock-Drummer bevorzugen aber den „Matched Grip", da hiermit mehr Kraft ausgeübt werden kann und die Geschwindigkeit besser kontrolliert wird.

„Matched Grip"
Rechte Hand: Mit der zum Boden gerichteten Handfläche Deiner rechten Hand umfasst Du den Stick vom Ende aus gesehen im ersten Drittel, so dass er sich noch

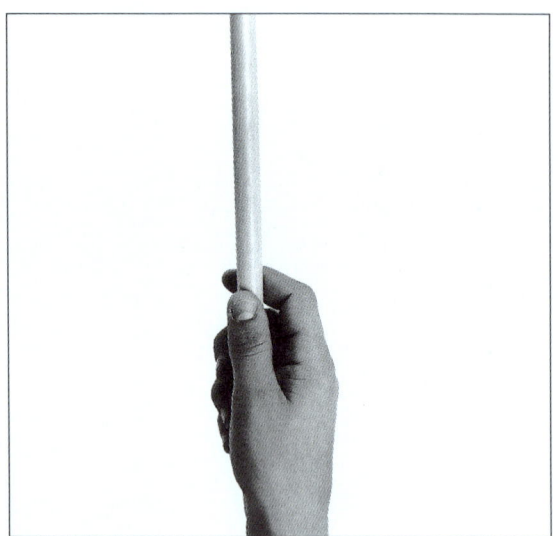

locker zwischen deinem Daumen und dem Gelenk des Zeigefingers bewegen kann. Dein Daumen sollte dabei direkt oben auf dem Griff liegen und Dein Daumennagel in Richtung Kopf zeigen.

Lege nun Zeigefinger, Mittelfinger, Ringfinger und Kleinen Finger der Reihe nach um den Stick herum, um ihn zu führen und zu stabilisieren.

Linke Hand: Die Haltung der linken Hand sollte hierbei genauso sein, wie die der rechten. Versuche den Stick mit beiden Händen so entspannt wie möglich zu halten.

Mach eine Pause! 21

Stufe 3: Spiele die Bassdrum mit dem rechten Fuß auf die Schläge 1 und 3. Achte darauf, dass jeder Beat der Bassdrum und der Snare genau im Takt mit der Hi-Hat bleibt. Und vergiss nicht mitzuzählen!

Höre Dir den **Track 6** an, wie das nun klingen sollte.

Wenn Du Dich dann sicher fühlst, versuche mit dem etwas schnelleren **Track 7** mitzuspielen.

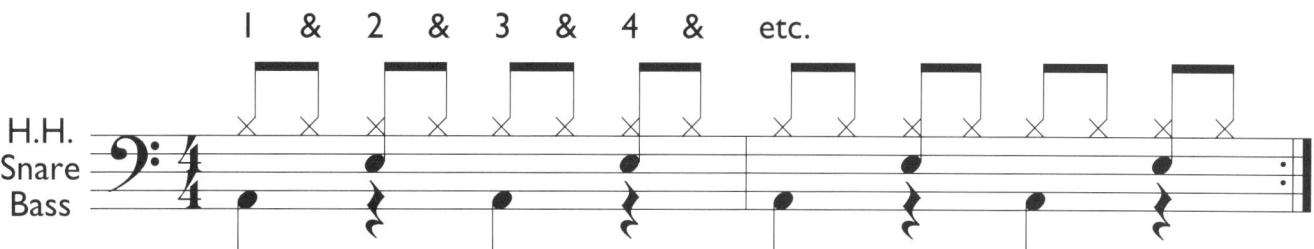

Dieses Symbol ♩ nennt man eine Viertelpause. Es bedeutet, dass hier, wie oben zu sehen ist, je einen viertel Takt lang zwar gezählt, aber nicht gespielt wird. Das bezieht sich in diesem Beispiel nur auf die Bassdrum, die Du also nur auf die Schläge 1 und 3 anspielen sollst.

Tipp

„Sound and Silence"

Pausen sind für jeden Musiker immens wichtig – für einen Drummer jedoch fast schon lebenswichtig! Tatsächlich ist das, was Du nicht spielst, genauso entscheidend, wie das, was Du spielst. Also zähle die Pausen gleichermaßen sorgfältig wie jede andere Note auch.

Spiel' mit der Band!

Nachdem Du den Rock-Rhythmus bis jetzt nur allein geübt hast, lass uns nun ein wenig Spaß haben und das Gelernte zusammen mit der Band umsetzen.

Schau Dir das unten stehende Beispiel erst einmal an. Es besteht aus insgesamt neun Takten, wobei die ersten vier Takte wiederholt werden. Du musst also acht mal bis vier zählen. Dann, im neunten Takt, beendest Du die Übung mit dem Crash-Becken und der Bassdrum auf 1.

Die meisten in diesem Buch vorgestellten Rhythmusübungen wurden bereits bei vielen ganz großen Aufnahmen verwendet. Der hier erläuterte Rhythmus ist ein Rock-Standard, der von vielen Künstlern benutzt wurde wie z.B. von Oasis und den Rolling Stones. Wenn Du Dich mit den verschiedenen Patterns erst einmal angefreundet hast, wird es Dir leicht fallen, die Rhythmik anderer Drummer nachzuvollziehen und in Dein eigenes Spiel zu integrieren.

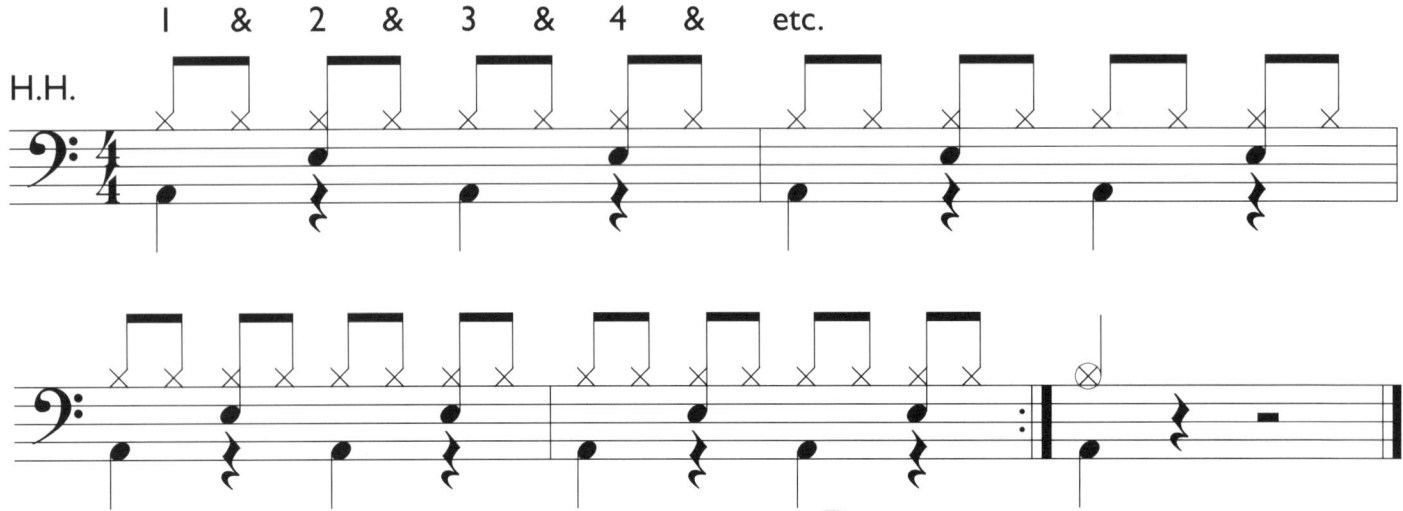

Auf **Track 8** hörst Du eine komplette Band mit Drums. Höre genau hin und zähle zusammen mit dem Beat des Schlagzeugers.

Der **Track 9** bietet Dir die komplette Band allerdings ohne die Drums. Hier hast Du die Möglichkeit einzusteigen und den Drum-Part zu übernehmen. Denk daran, dass sämtliche Tracks auf der CD mit einem Vorzähler von vier Schlägen beginnen.

CHECKPOINT

WAS DU BIS JETZT ERREICHT HAST...

Du kannst jetzt:
- einen kompletten Rock-Rhythmus spielen
- die Bassdrum, die Snare und die Hi-Hat miteinander koordinieren
- zu einem Playback spielen

Bassdrum-Patterns

Nun bist Du so weit, dass Du Deine Hände und Deine Füße gut koordinieren kannst; also lass uns nun versuchen, einige Rhythmen mit unterschiedlichen Bassdrum-Patterns zu spielen.

Das folgende Beispiel ist ein weiterer klassischer Rock-Rhythmus, bei dem nun mit der Bassdrum Viertel- und Achtel-Beats gespielt werden sollen. Beginne damit, dass Du nur die Bassdrum allein anschlägst. Übe das so lange, bis Du es vollkommen verinnerlicht hast und es automatisch funktioniert. Dann füge zunächst den Snare-Part und anschließend die Achtel-Beats der Hi-Hat hinzu. Denke daran, dass das Hi-Hat Pattern sowohl in der Lautstärke als auch im Tempo immer gleichbleibend sein muss.

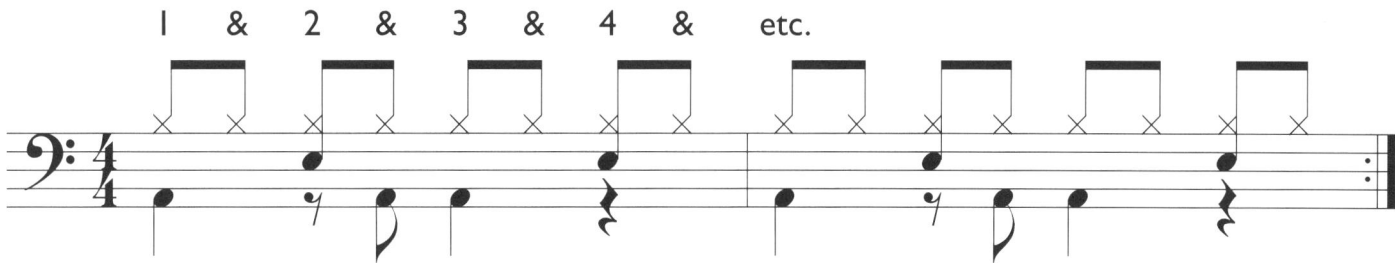

Übersieh nicht die Achtelpause der Bassdrum auf Schlag 2. Genau wie alle Pausen werden diese zwar gezählt, aber nicht gespielt.
Hör Dir **Track 10** erst einmal an, und versuche dann mitzuspielen.

Im nächsten Beispiel nehmen wir den gleichen Rock-Rhythmus und fügen eine weitere Bassdrum-Variation hinzu. Wähle **Track 12** an und versuche dort den Bassdrum-Part herauszuhören und nur diesen mitzuspielen. Erst wenn Du Dir vollkommen sicher bist, solltest Du die Snare und die Hi-Hat einfügen.

Nachdem Du diese Übung gemeistert hast, lege den etwas schnelleren **Track 11** ein und spiele mit.

Achte immer darauf, dass die Bassdrum genau auf den Hi-Hat Beats gespielt wird.

Track 13 ist wiederum eine schnellere Version dieses Rhythmus.

Lars Ulrich von Metallica

Die Rhythmusgruppe

Das Schönste für einen Drummer ist natürlich, mit anderen Musikern zusammen zu spielen, und unglaublich wichtig für eine Band ist, dass die Drums und der Bass eine absolut solide Grundlage für die anderen Musiker bieten. Daher werden sie oftmals als „Rhythm-Section" (Rhythmus-Gruppe) bezeichnet. Um diese Komplexität zu erreichen, solltest Du entweder Deine Bassdrum-Patterns ziemlich eng an die Läufe des Bassisten anpassen, oder der Bassist passt sich Deinem Spiel an.

▲ **Keith Moon** von The Who – ein klassischer Rock-Drummer

Das nächste Beispiel zeigt Dir, wie Du mit dem gerade geübten Rhythmus das Zusammenspiel mit dem Bassisten innerhalb der Band verfeinern kannst. Auf **Track 14** wirst Du gewiss gut nachvollziehen können, wie sich die Bassdrum auf die Bassgitarre einstellt.

Track 15 ist ohne den Drum-Part, so dass Du mitspielen kannst.

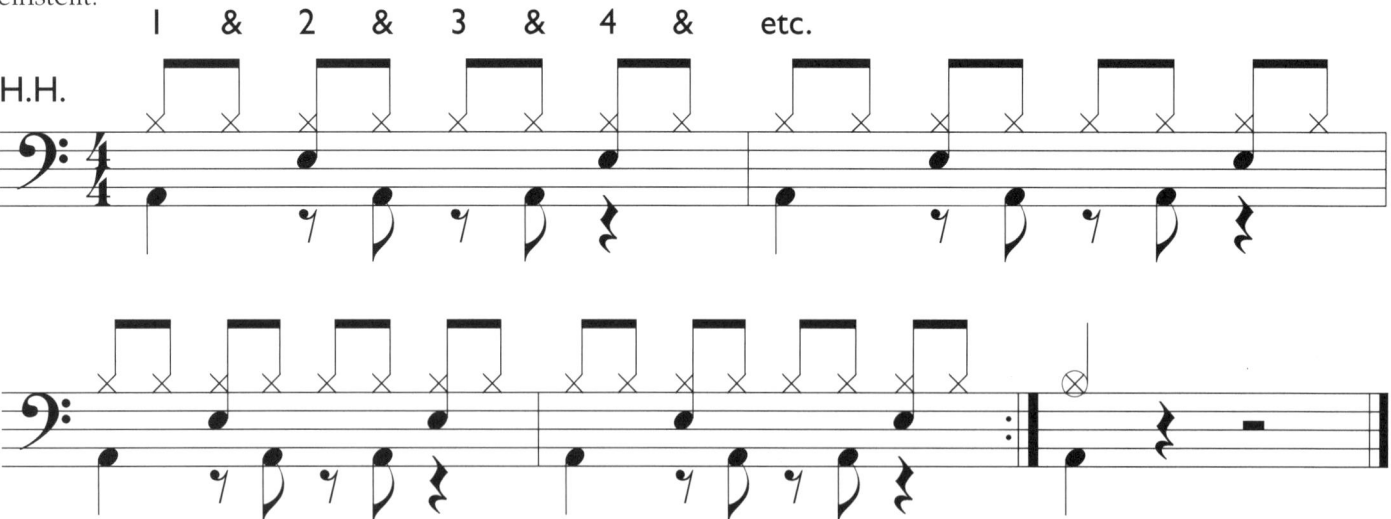

CHECKPOINT

WAS DU BIS JETZT ERREICHT HAST...

Du kannst jetzt:
- zwei klassische Rock-Rhythmen spielen
- mit einer kompletten Band mitspielen und Dich in den Bassgitarren-Part „einklinken"

Snare-Patterns

Bisher hast Du nur Rhythmen gespielt, bei der die Snare-Beats immer auf der 2 und der 4 lagen. In der nächsten Übung spielst Du die Snare auf Schlag 2 und auf die Schläge „& 4 &". Die Hi-Hat und die Bassdrum-Patterns bleiben während der ganzen Zeit immer gleich. Versuche es zunächst einmal mit der Bassdrum und der Snare zusammen und füge dann erst die Hi-Hat ein.

Auf **Track 16** hörst Du wieder den Rhythmus – zuerst einmal langsam.

Track 17 bietet die gleiche Übung mit mehr Tempo.

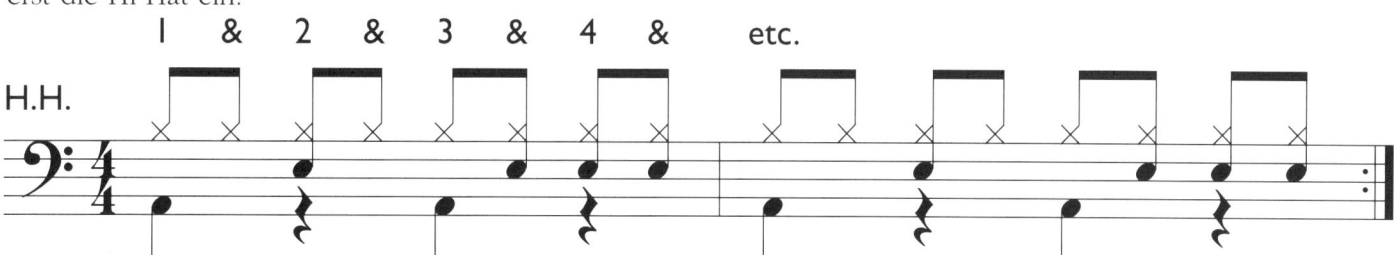

Hier ist noch eine andere Variation, die zwar auf demselben Rhythmus basiert, jedoch ein neues Schlagmuster auf der Snare erfordert. Wieder solltest Du zunächst den Bassdrum-Part zusammen mit der Snare üben, bevor Du mit der Hi-Hat einsetzt. Achte auch hier sehr genau darauf, dass die Snare-Beats exakt mit der Hi-Hat im Timing sind.

Übe dies langsam mit **Track 18**.

Probiere es mit **Track 19**, wenn Du Dich sicher genug fühlst.

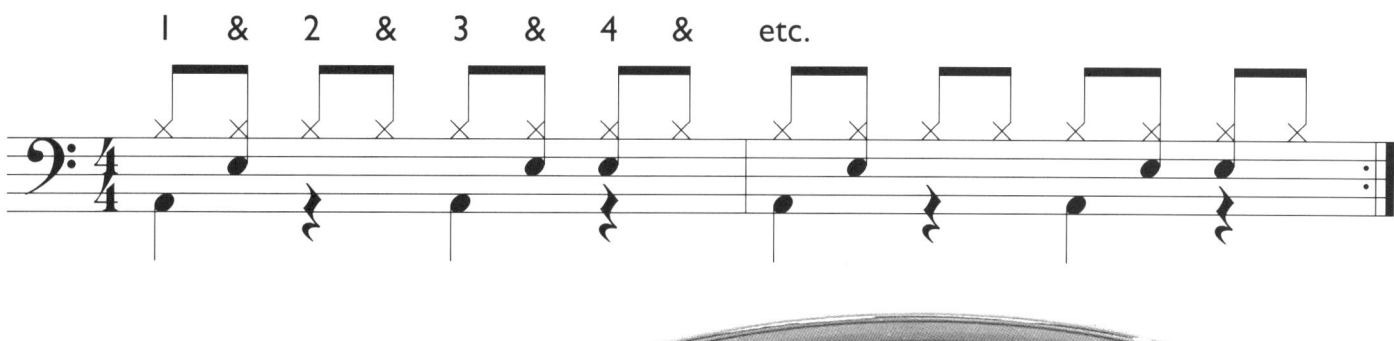

Das Crash-Becken

Das Crash-Becken wird vornehmlich genutzt, um einen neuen Part im Song einzuleiten oder um bestimmte musikalische Figuren zu akzentuieren. Um das Crash-Becken richtig anzuspielen, schlage mit dem Schaft Deines Sticks bei normaler Griffhaltung gegen den Rand des Beckens.

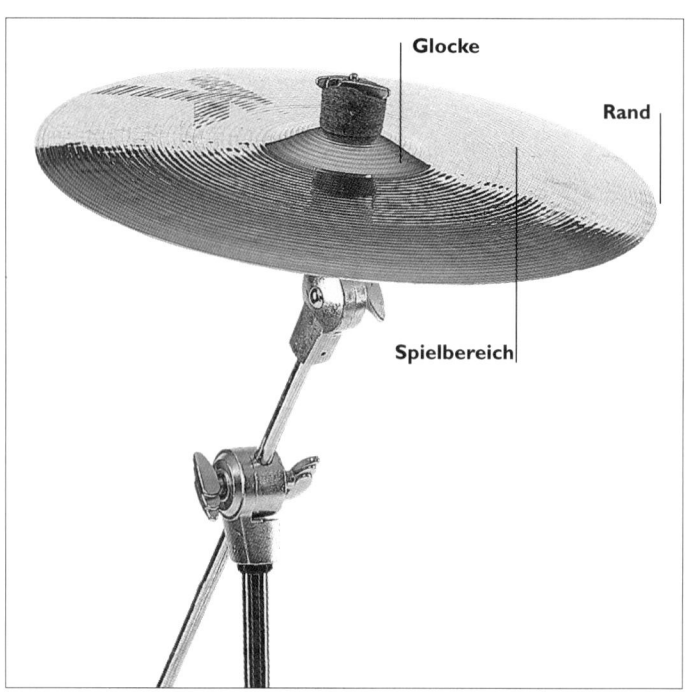

Hier ist nun ein Track zusammen mit der Band, bei dem Du die Möglichkeit hast, das Crash-Becken auszuprobieren!

Spiele diese wiederholte viertaktige Phrase, bei der Du jeweils auf dem ersten Schlag der Takte 1, 5 und 9 das Crash-Becken einsetzen kannst und höre Dir auf **Track 20** die komplette Band-Version an.

Achte aber darauf, dass die Snare in den Takten 4 und 8 ein etwas verändertes Pattern spielt. Vergiss nicht, beim Spielen mitzuzählen!

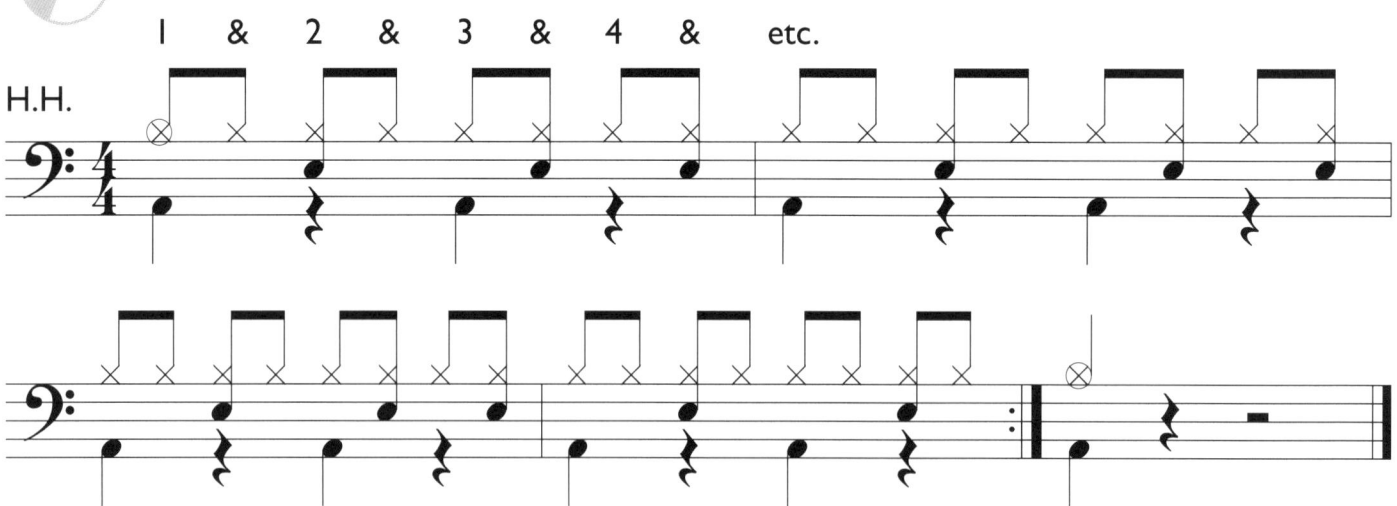

Auf **Track 21** kannst Du wieder mit dem Rest der Band mitspielen.

CHECKPOINT

WAS DU BIS JETZT ERREICHT HAST...

Du kannst jetzt:
- zwei weitere klassische Rock-Rhythmen mit unterschiedlichen Snare-Parts spielen
- Dein Crash-Becken richtig einsetzen

Snare- und Bassdrum-Patterns

Tipp

Wenn Du diese Rhythmen zum ersten Mal übst, versuche zunächst sie aufzusplitten. Spiele erst die Hi-Hat zusammen mit der Snare und danach die Hi-Hat mit der Bassdrum. Versuche dann am Ende beides miteinander zu verbinden, um diese Übung abzuschließen.

Bis jetzt haben wir Rhythmen geübt, indem wir uns in unterschiedlichen Beispielen entweder um die Bassdrum- oder um die Snare-Patterns gekümmert haben. Nun aber wollen wir versuchen, diese Ideen miteinander zu kombinieren, um die Rhythmik weitaus interessanter gestalten zu können.

Auf der Grundlage dieser gemischten Patterns kannst Du Dir nun Dein Repertoire an Patterns erweitern. Trau Dich ruhig, zu experimentieren und stell Dir Deine eigenen Patterns zusammen!

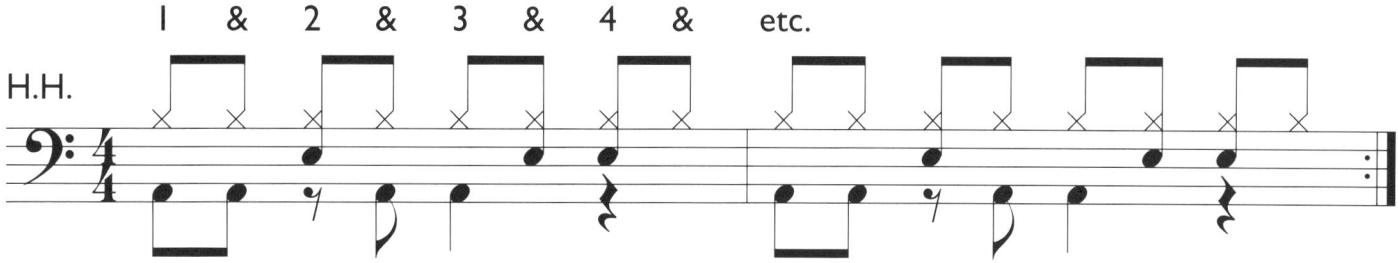

Track 22 – langsame Version

Track 23 – schnellere Version

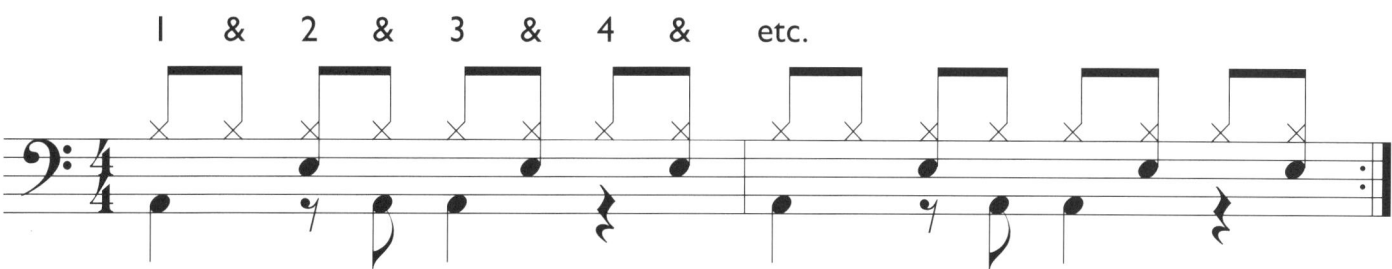

Track 24 – langsame Version

Track 25 – schnellere Version

Nun lass uns wieder in die Band einsteigen. Dieses Mal wirst Du interessante Snare- und Bassdrum-Patterns spielen, die mit den Instrumenten der anderen Bandmitglieder ideal zusammenpassen.

Höre Dir zunächst einmal die vollständige Band-Version auf **Track 26** an und versuche danach, in **Track 27** einzusteigen.

Tipp

Achte darauf, dass die Bassdrum und die Snare in Takt 4 und in Takt 8 etwas unterschiedlich gespielt werden.

CHECKPOINT

WAS DU BIS JETZT ERREICHT HAST…

Du kannst jetzt:
- Unterschiedliche Snare- und Bassdrum-Parts miteinander verbinden

Drum-Fills

Um uns mit den Drum-Fills befassen zu können, benötigen wir noch einen weiteren Notenwert, und zwar die Sechzehntelnote. Sie ähnelt in der Schreibweise der Achtelnote, jedoch befinden sich an ihrem Notenhals zwei Fähnchen. ♪.

    1 e & a, **2** e & a, **3** e & a, **4** e & a etc
    ♪ ♪ ♪ ♪ ♪ ♪ ♪ ♪ ♪ ♪ ♪ ♪ ♪ ♪ ♪ ♪

Ein normaler 4/4 Takt kann mit 16 Sechzehntelnoten aufgefüllt werden. Um Sechzehntel zu zählen, muss jeder Schlag eines 4/4 Taktes in vier weitere Schläge wie folgt unterteilt werden:

Es folgt nun Dein erster Versuch, die Sechzehntel auszuprobieren. Zähle beim Spielen konsequent und gerade mit und achte darauf, dass jeder Schlag exakt mit jedem Beat zusammen fällt. Halte beide Sticks über den Drums in gleicher Höhe und folge den Anleitungen im Kapitel „Der Schlag" auf Seite 14.

Track 28 zeigt Dir, wie es klingen sollte.

Double Stroke Sticking (Doppelschlag-Technik)
In den bisherigen Übungen hast du mit jeder Hand immer nur einen Schlag ausgeführt. Das nennt man „Single Stroke Sticking" (Einzelschlag-Technik), also R L R L etc. Nun kannst Du Dich als Zusatzübung dem „Double Stroke Sticking" annähern, indem Du mit jeder Hand immer zwei Beats hintereinander ausführst, also: R R L L etc.

Nun füge wie unten beschrieben die Bassdrum und die Hi-Hat hinzu, um die Rhythmik zu füllen. Wie Du siehst, liegt die Bassdrum durchweg auf den Schlägen 1, 2, 3, 4, während die Hi-Hat auf 2 und 4 gespielt wird.

Die Hi-Hat wird jetzt am unteren Ende der Notenlinien notiert. Du schlägst sie jetzt nicht mehr wie bisher mit der rechten Hand an, sondern öffnest und schließt sie mit Deinem Fußpedal.

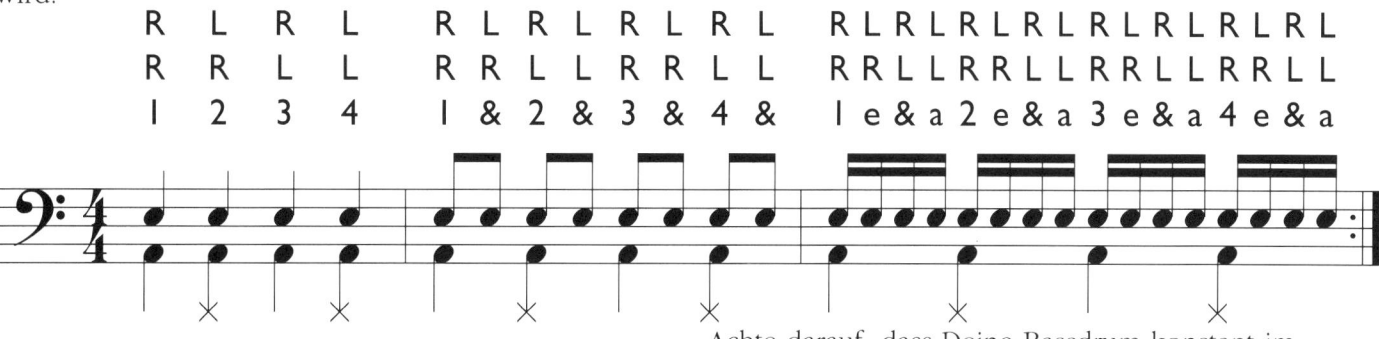

Probiere bei dieser Übung auch das Double Stroke Sticking, das oben direkt über den Zählzeiten notiert ist.

Achte darauf, dass Deine Bassdrum konstant im selben Tempo bleibt und die Beats auf der Snare nach jedem Takt verdoppelt werden, zuerst 4, dann 8 und dann 16 Schläge.

Höre Dir **Track 29** an. Übe das Schema erst langsam und steigere dann nach und nach Dein Tempo.

Einstellen der Hi-Hat

Wenn Du Deine Hi-Hat aufbaust, positioniere das untere Becken etwa 15 – 25 cm über dem oberen Rand der Snare.

Justiere die Stellschraube am oberen Becken so, dass der Filz zwar das Becken berührt, aber den Ton dabei nicht erstickt.

Die Becken sollen in etwa zwischen 1,5 cm und 4 cm auseinander stehen. Zuletzt stelle die Feststellschraube am unteren Becken so ein, dass es ein wenig abgeschrägt wird.

Tipp

Drum-Fills werden für gewöhnlich eingesetzt, um von einem Part eines Songs zum anderen überzuleiten. Wenn Du also einen Drum-Fill benutzt, achte darauf, im exakten Tempo zu bleiben und den Groove beizubehalten.

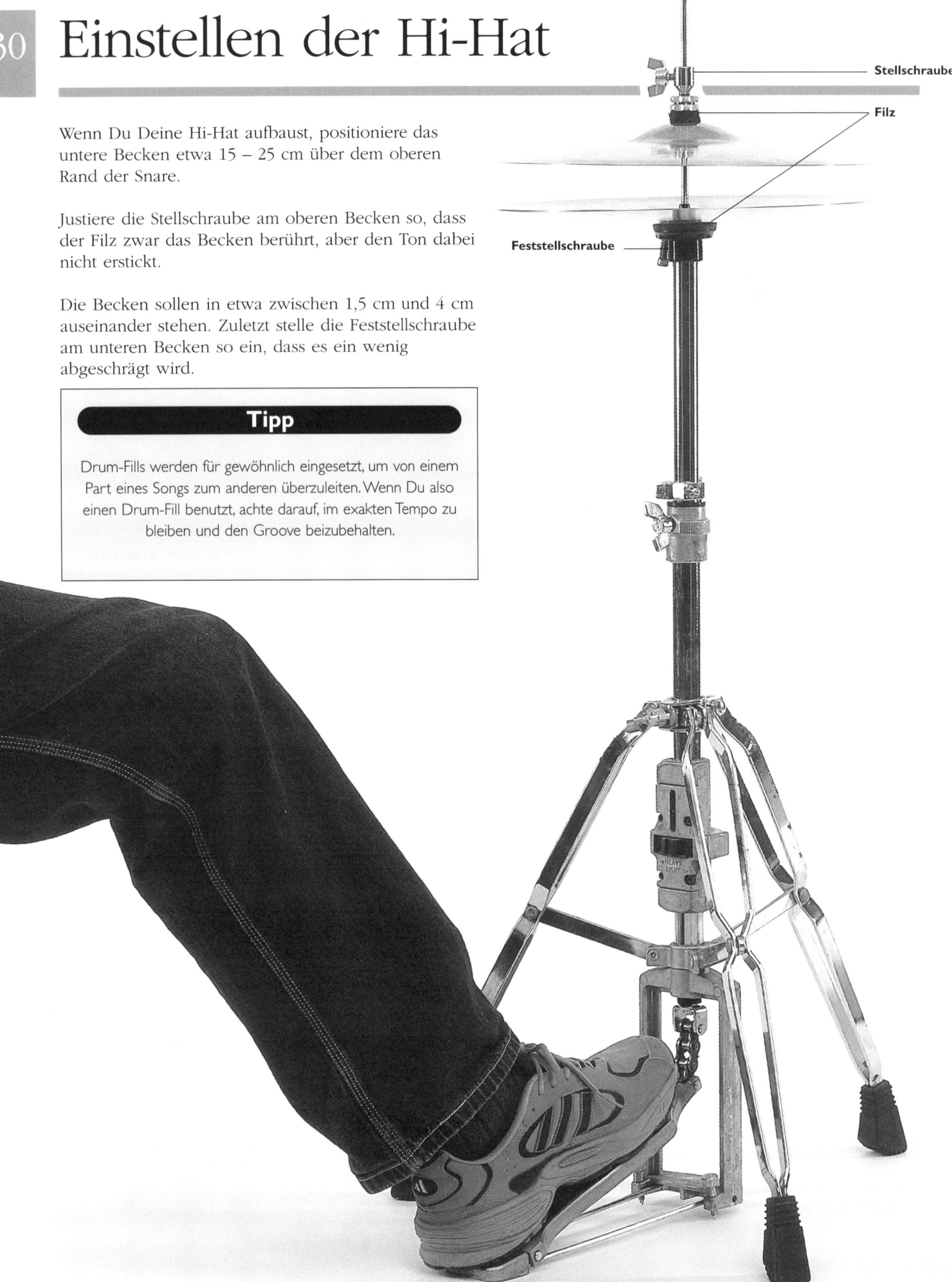

Das Ride-Becken 31

Um das Ride-Becken richtig anzuspielen, schlage mit dem Stick-Kopf in den Bereich zwischen der Glocke und dem äußeren Rand.
Lasse den Stick nach jedem Schlag ein wenig zurückspringen.

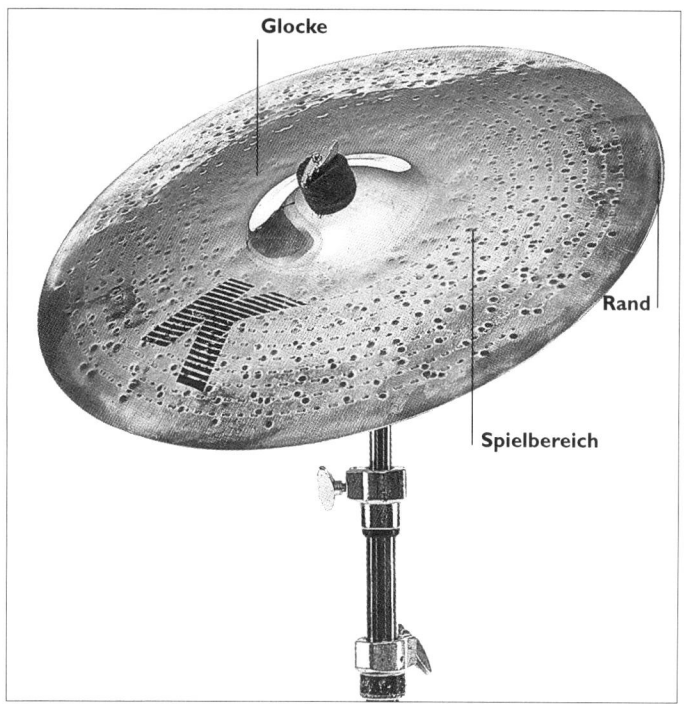

Im nächsten Beispiel geht es um zwei völlig unterschiedliche Takte:

Nimm im ersten Takt Deine rechte Hand, um das Ride-Becken anzuspielen und den linken Fuß, um die Hi-Hat auf den Schlägen 2 und 4 mit dem Pedal zu schließen (genau auf den Beats der Snare).

Spiele im zweiten Takt die Sechzehntel auf der Snare und unterstütze dies mit einem gleichmäßigen Beat auf der Bassdrum und der Hi-Hat.

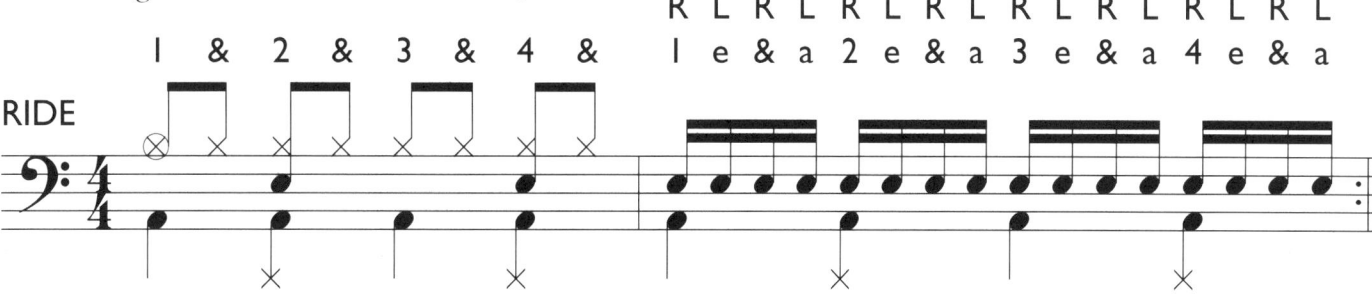

Auf **Track 30** kannst Du hören, wie das klingen sollte. Spiel es danach mit.

Tipp

Beende diesen Fill nach den Sechzehnteln mit einem Crash-Becken auf der 1.

Ein klassischer Rock-Fill

Hier ist noch eine Variation des Drum-Fills, den Du gerade gelernt hast. Nun jedoch werden die zwei letzten Sechzehntel jeder Vierergruppe durch einen Achtel-Beat auf „&" ersetzt. Der erste Takt entspricht dem in der vorigen Übung.

Auf **Track 31** hörst Du wie dieser Fill klingen sollte.

Charlie Watts
von den Rolling Stones

John Bonham
von Led Zeppelin

CHECKPOINT

WAS DU BIS JETZT ERREICHT HAST...

Du kannst jetzt:
- das Hi-Hat Pedal korrekt benutzen
- das Ride-Becken einsetzen
- mit dem „Double Stroke Sticking" experimentieren
- Deine ersten Fills spielen

Das Große Finale

Nun bekommst Du die Gelegenheit, einen kompletten Drum-Part mit der ganzen Band mitzuspielen. Du kannst jetzt all das bisher Gelernte einbringen.

Im nachfolgenden Beispiel wurden die Noten in Sektionen von jeweils vier Takten geschrieben. Am Ende jedes vierten Taktes werden die Fills eingefügt. Wenn Du Dir einmal Deinen Lieblingssong anhörst und die Takte mitzählst, wird Dir auffallen, dass auch hier die Fills mit größter Wahrscheinlichkeit in Intervallen von vier, acht oder sechzehn Takten gespielt werden – so ist ein Popsong eben aufgebaut!

Der Fill ist ein Schlag lang und beginnt auf 4. Oftmals ist ein einfacher aber effektiver Fill über ein oder zwei Schläge interessanter, als ein Drum-Fill über einen kompletten Takt.

Höre Dir **Track 32** an und verfolge nun konzentriert Deinen Drum-Part. Danach setz Dich bequem ans Set und spiele zusammen mit der Band zu **Track 33**.

> **Tipp**
>
> Achte darauf, dass das Becken-Pattern nach jedem Fill von der geschlossenen Hi-Hat zum Ride und wieder zurück wechselt.

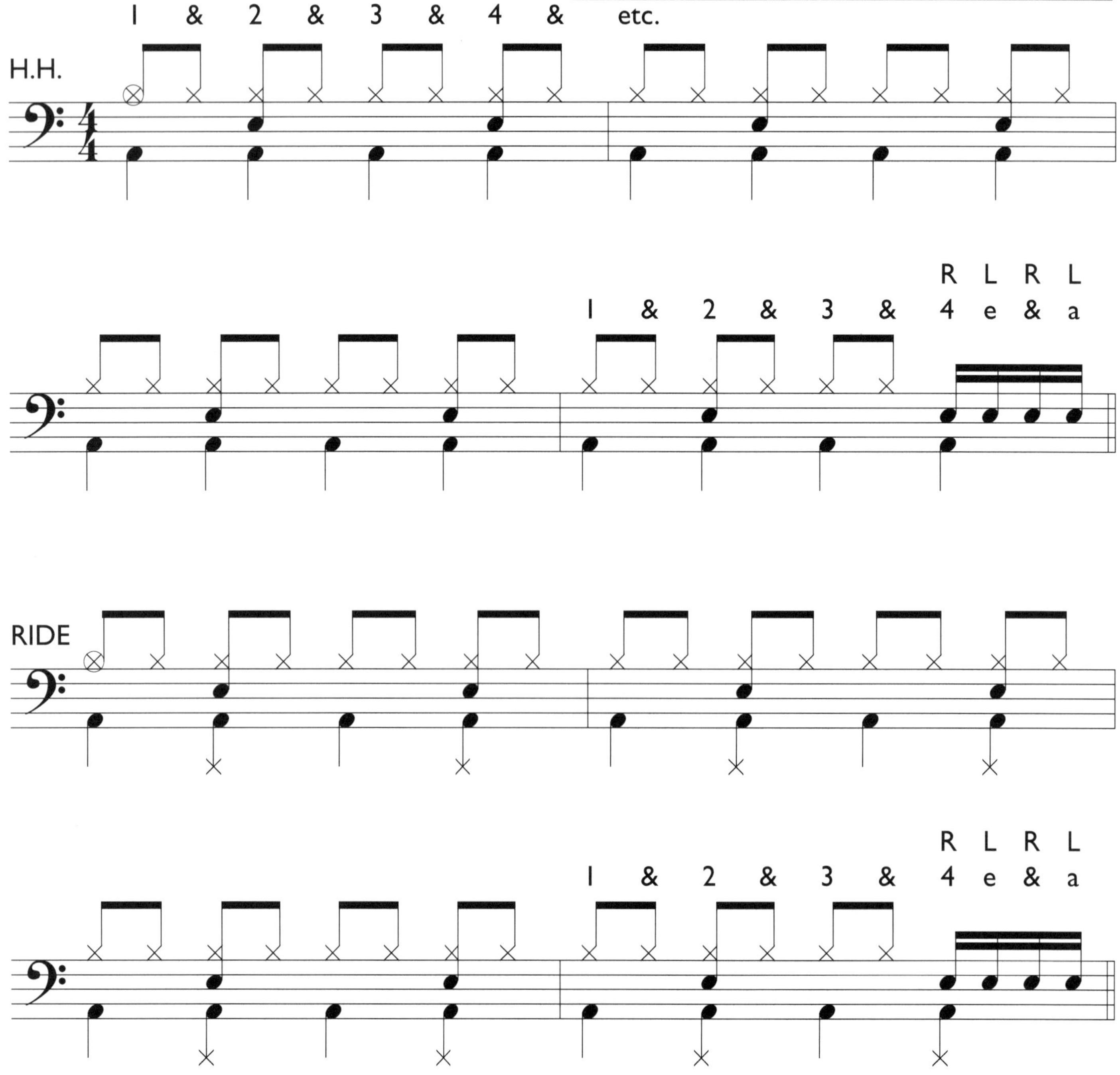

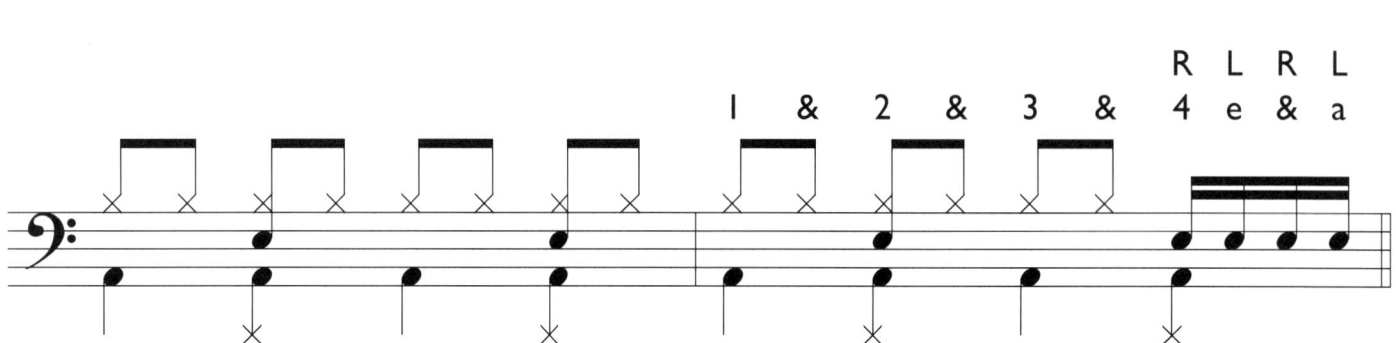

CHECKPOINT
WAS DU BIS JETZT ERREICHT HAST...

Glückwunsch! Du bist nun am Ende des Übungsteils dieses Buches angelangt.

Du kannst jetzt:
- die Bassdrum, die Snare, die Hi-Hat, das Crash- und das Ride-Becken miteinander koordinieren
- mit den Playbacks im korrekten Timing mitspielen
- klassische Rock-Rhythmen einschließlich Fills spielen

Pflege und Wartung

Ein gut gepflegtes Set hält länger, sieht besser aus und - das Wichtigste - es wird Dich auf einem Gig oder im Studio vermutlich nicht hängen lassen.

1 Ein wenig Öl ist gut für alle Stellschrauben, Federn, Kettenführungen der Pedale und mehr.

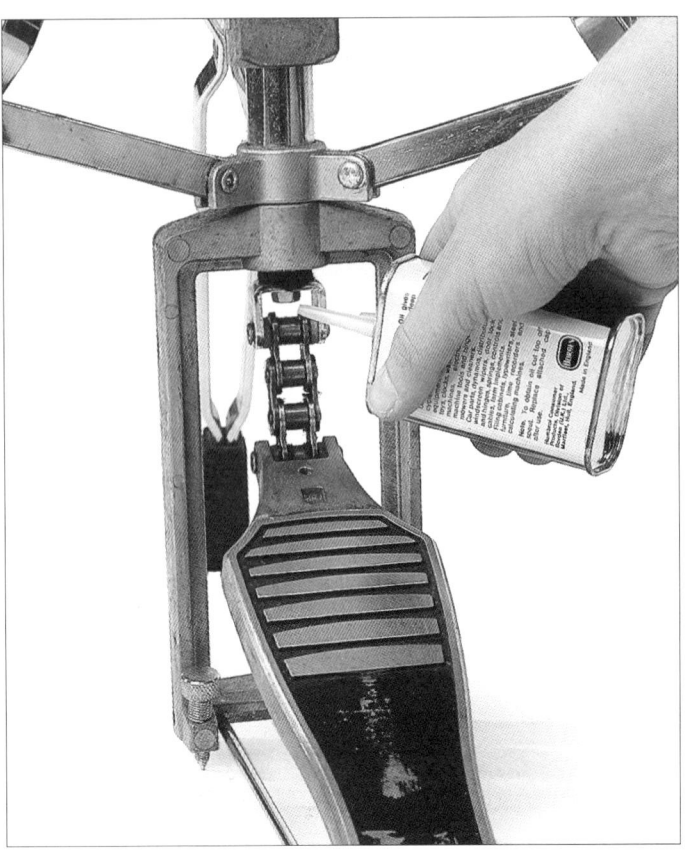

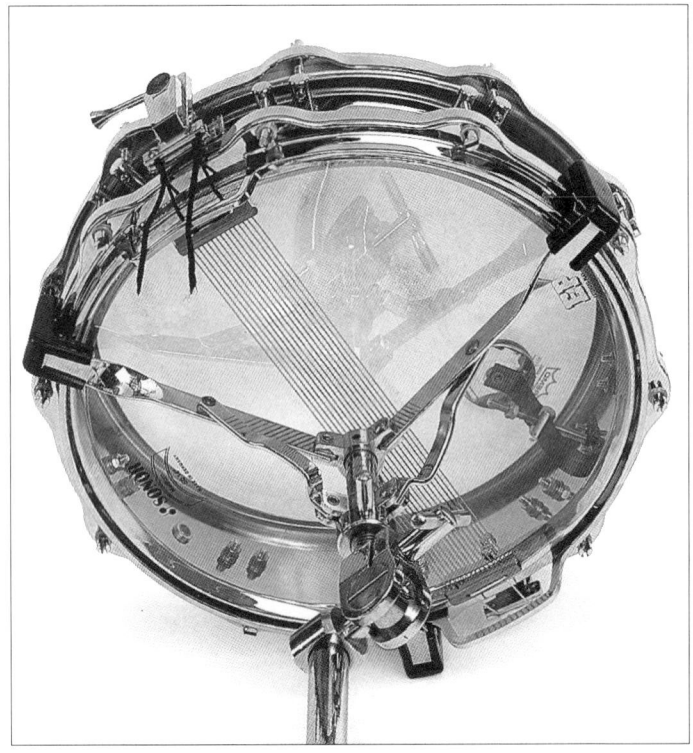

2 Der Snare-Teppich ist wohl der empfindlichste Teil des Drum-Sets. Daher berühre ihn nur dann, wenn es sich nicht vermeiden lässt und stelle nichts darauf ab, denn die dünnen Federn können sich leicht verbiegen. Verbogene Federn vibrieren dann ungleichmäßig und verursachen ein nerviges Rasseln.

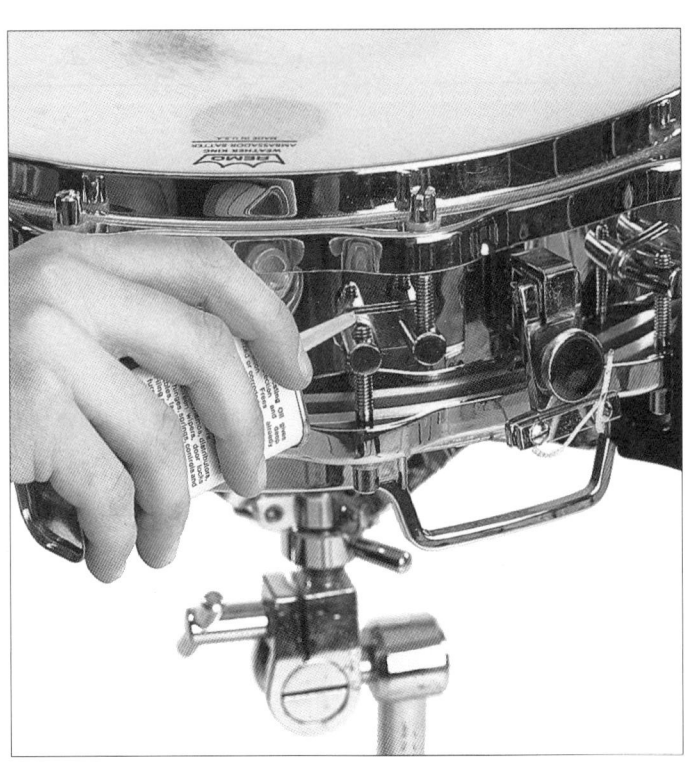

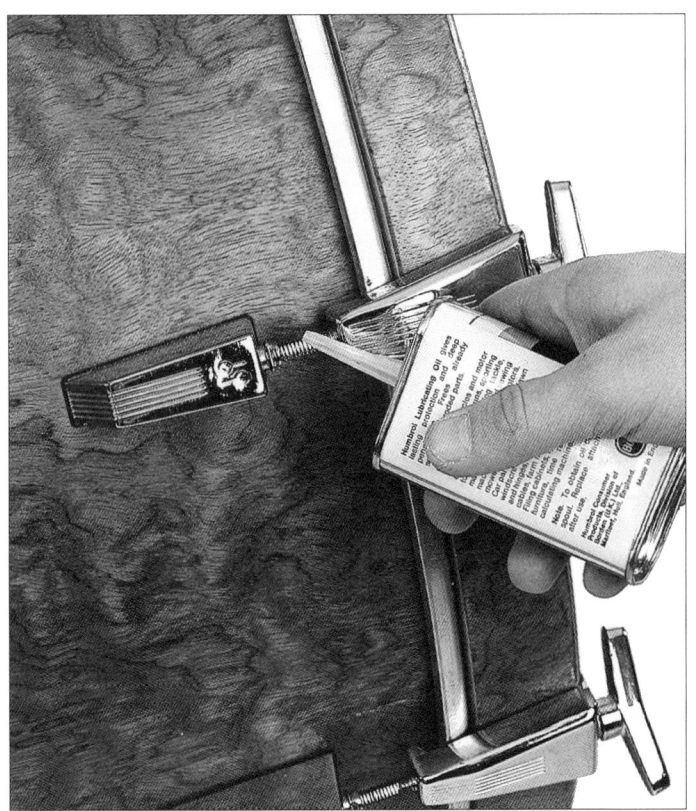

3 Becken können (nicht zu oft) mit einem speziellen Becken-Reiniger, der in fast jedem Musikgeschäft erhältlich ist, behandelt, oder mit lauwarmen Spülwasser und einem Schwammtuch abgewaschen werden.

Achte darauf, dass die Becken danach komplett trocken gerieben werden.

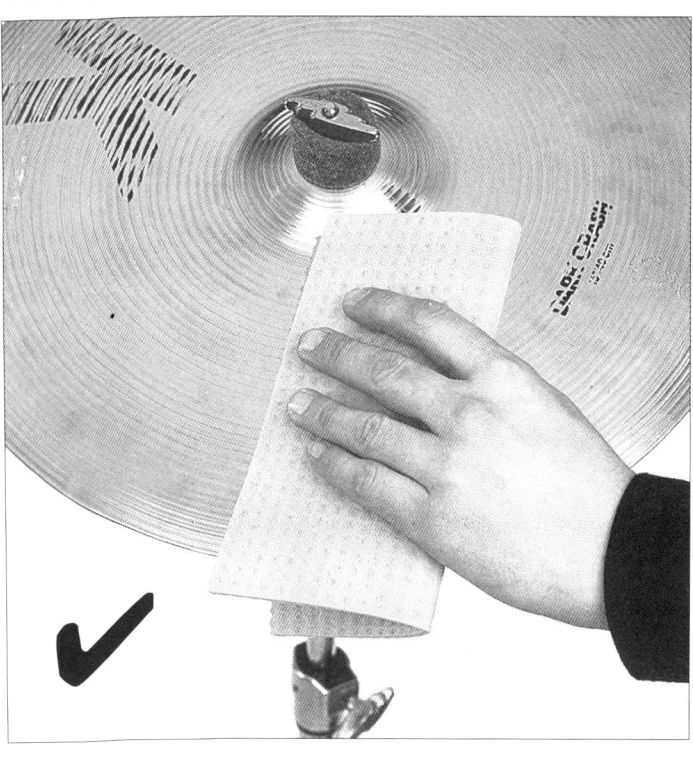

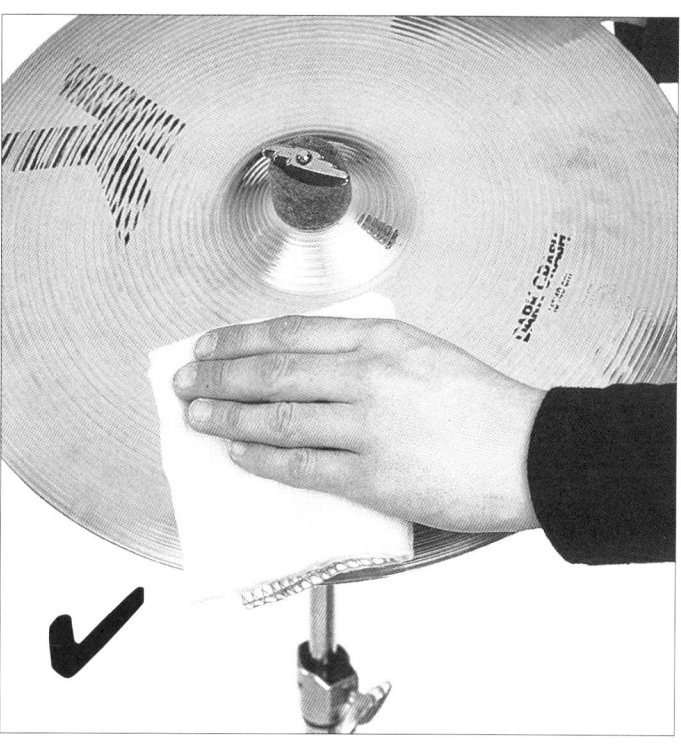

Benutze auf gar keinen Fall irgendwelche Metallreiniger, Scheuermittel oder Drahtschwämme, denn damit kannst Du das Becken beschädigen.

Befestige Deine Becken nicht zu stark an die Stative, denn dadurch haben sie keine Möglichkeit richtig zu vibrieren und können unter Umständen sogar reißen.

4 Wenn die Chromteile an Deinem Schlagzeug sehr schmutzig sind, kannst Du Sie mit einer feinen Drahtwolle bearbeiten. Tauche die Wolle jedoch zunächst in ein wenig Öl und reibe dann vorsichtig den Schmutz oder den Rost herunter.

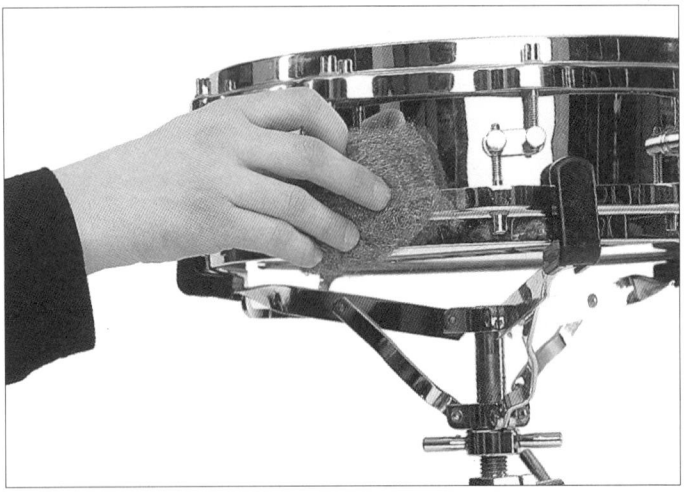

5 Für den Transport des Drum-Sets empfiehlt sich ein wassergeschütztes Koffer-Set. Du kannst diese Koffer in allen möglichen Größen bekommen, also solltest Du beim Kauf darauf achten, dass Du die Maße der einzelnen Teile deines Drum-Sets kennst.

6 Die meisten Felle sind aus Kunststoff hergestellt und sind sehr flexibel. Trotzdem können sie nach längerem Gebrauch nach und nach ihren Sound verlieren und weniger exakt reagieren. Spätestens dann solltest Du sie auswechseln.

7 Lagere Deine Drums niemals in der Nähe von Wärmequellen, wie Heizlüfter, Kaminfeuer usw.

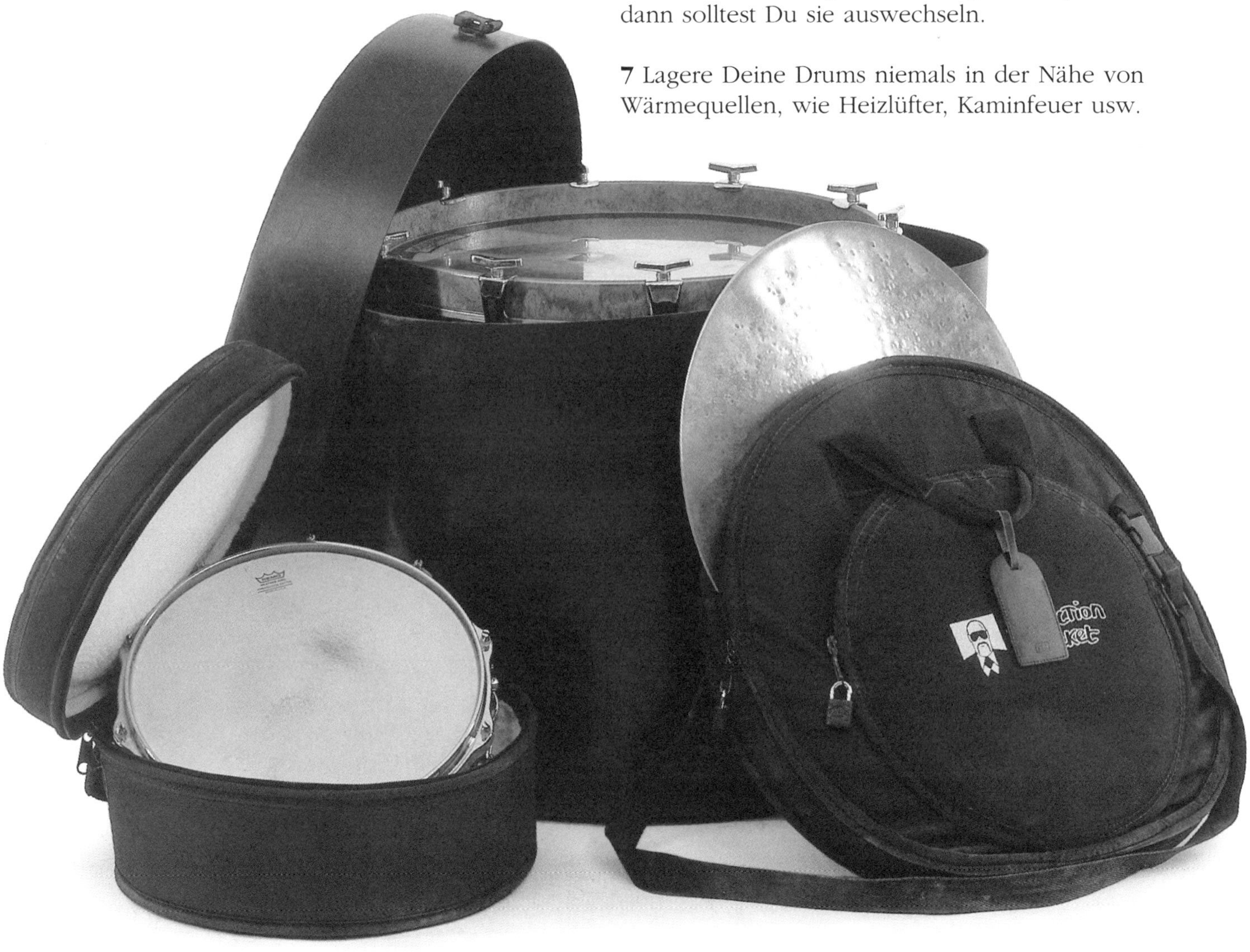

Klassische Drum-Parts

Nun, da Du mit den Grundlagen des Schlagzeugspiels bewaffnet bist, solltest Du in der Lage sein, Dir einige Drum-Parts der Rock-Klassiker herauszuhören und mit ihnen zu arbeiten. Höre Dir ein paar der nun folgenden großartigen Songs an und versuche herauszufinden, was der Drummer genau spielt!

Be My Baby The Ronettes
Fifty Ways To Leave Your Lover Paul Simon
Green Onions Booker T & The MGs
Honky Tonk Woman The Rolling Stones
I Am The Resurrection The Stone Roses
I Can't Explain The Who
Rain The Beatles
Tomorrow Never Knows The Beatles
Voodoo Chile Jimi Hendrix
We Will Rock You Queen
When The Levee Breaks Led Zeppelin
White Room Cream

Cozy Powell – eine Legende unter den Rock-Drummern

Weiterführende Literatur

Nachdem Du alles in diesem Buch mit Bravour gemeistert hast, bist Du nun auf dem besten Wege, ein richtig guter Drummer zu werden. Doch es gibt immer noch eine Menge zu lernen. Warum solltest Du Dir also nicht einmal die anderen Drum-Bücher anschauen, die Music Sales anbietet? Die Buchvorschläge unten geben Dir noch mehr Informationen, ganz gleich in welche musikalische Richtung Du tendierst oder welchen Schlagzeug-Stil Du bevorzugst. Sie werden Deine Fähigkeiten auf jeden Fall auf ein neues Level bringen.

Drumsteps

Geoff Battersbys Methode basiert auf der Idee, Worte zu benutzen, um Rhythmus zu erlernen, und da Schlagzeug spielen zu 95% mit Rhythmus zu tun hat, muss dieses System einfach funktionieren, selbst dann, wenn Du schon seit Jahren erfolglos versucht hast, Drummer zu werden.

Lerne die Grundlage der Drumsteps-Methode – Wort-Assoziationen, Schlagzeug-Notationen lesen, Grundlagen, Drum-Fills und komplette 24-taktige Stücke in 5 verschiedenen Stilrichtungen: Funk, Shuffle, Jazz, Rock und Reggae. Jede Übung wird auf der beiliegenden CD demonstriert und kann mit Hilfe der Playbacks nachgespielt werden. Außerdem gibt es zum Üben noch 6 „Klick-Tracks" in verschiedenen Tempi. Leichter geht's nicht!

Rockschool

Die Serie der acht „Rockschool"-Bücher ist in vier aufeinander aufbauende Gruppen unterteilt: Entry, Player, Performer und Pro. Die Packs sind in der Standard-Notation geschrieben und beinhalten zusätzlich jeweils eine von Top-Musikern eingespielte CD. Die Rockschool-Serie wurde vom Trinity College London als Lehrmethode offiziell anerkannt; ein Umstand, der diesen Büchern eine weltweite Beachtung schenkt.

Entry Zone RSK019917/ RSK019918
Player Zone RSK019919/ RSK019920
Performer Zone RSK019921/ RSK019922
Pro Zone RSK019923/ RSK019924

Fastforward

Vollgepackt mit Grooves, Patterns und Fills zum Üben. Das Gelernte kannst Du auf leichte Weise in Dein eigenes Spiel integrieren. Du wirst auf verständliche Art an die Grundlagen des Rock oder des Hip-Hop herangeführt, mit zusätzlichen Bassdrum- und Snare-Variationen, Drum-Fills, Synkopen, Crash-Becken-Akzenten und vieles mehr. Entdecke die Geheimnisse des Rock-Grooves und der Hip-Hop-Drums, indem Du bereits beim Lernen mit den qualitativ sehr hochwertigen CD-Playbacks mitspielst.

Fastforward Hip Hop Drum Patterns AM966493
Fastforward Rock Solid Drum Patterns AM92666